MESSI

梅西

Todo Messi:
Ejercicios de estilo

Jordi Puntí

[西班牙]乔迪·蓬蒂　著

赵倩　译

北京联合出版公司

Beijing United Publishing Co.,Ltd.

图书在版编目（CIP）数据

梅西 /（西）乔迪·蓬蒂著；赵倩译 . -- 北京：
北京联合出版公司，2022.6（2023.12 重印）
ISBN 978-7-5596-5931-6

Ⅰ.①梅… Ⅱ.①乔… ②赵… Ⅲ.①梅西—传记
Ⅳ.① K837.835.47

中国版本图书馆 CIP 数据核字 (2022) 第 019421 号

北京市版权局著作合同登记号：图字 01-2021-4949

梅西

作　　者：〔西〕乔迪·蓬蒂
译　　者：赵　倩
出 品 人：赵红仕
责任编辑：夏应鹏
封面设计：吴黛君

北京联合出版公司出版
（北京市西城区德外大街83号楼9层 100088）
北京新华先锋出版科技有限公司发行
天津旭丰源印刷有限公司印刷　新华书店经销
字数163千字　787毫米×1092毫米　1/16　16印张
2022年6月第1版　2023年12月第3次印刷
ISBN 978-7-5596-5931-6

定价：89.00元

LIONEL ANDRÉS MESSI
LIONEL ANDRÉS MESSI
LIONEL ANDRÉS MESSI

绿茵场王者　永远的梅西

ONEL ANDRÉS MESSI

ONEL ANDRÉS MESSI

2021 年 12 月 13 日，阿联酋
梅西受邀参观迪拜世博会

2022 年 1 月 23 日，法国

21/22 法甲第 22 轮，梅西复出拉莫斯处子球

巴黎圣日耳曼 4-0 兰斯

2022 年 2 月 15 日，法国

21/22 欧冠 1/8 决赛首回合

姆巴佩绝杀＋造点梅西失点

巴黎圣日耳曼 1-0 皇家马德里

2022 年 2 月 19 日，法国
21/22 法甲第 25 轮
内马尔破门再失点 梅西助攻
南特 1-3 巴黎圣日耳曼

2022 年 3 月 8 日，西班牙
21/22 欧冠 1/8 决赛次回合训练备战

2022 年 2 月 26 日，法国
21/22 法甲第 26 轮
梅西两度助攻姆巴佩破门
巴黎圣日尔曼 3-1 圣埃蒂安

2022 年 3 月 13 日，法国

21/22 法甲第 28 轮

姆巴佩、内马尔、帕雷德斯破门梅西中柱

巴黎圣日耳曼 3-0 波尔多

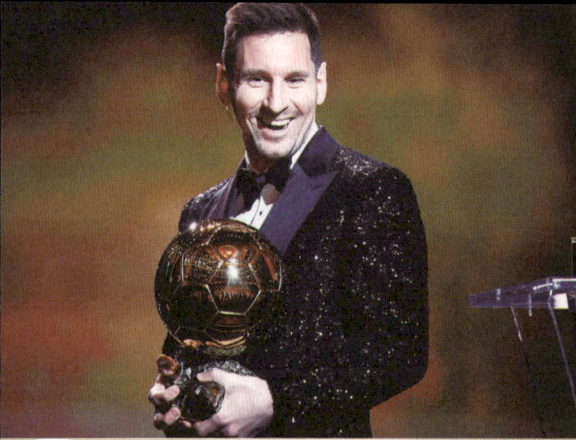

金球奖

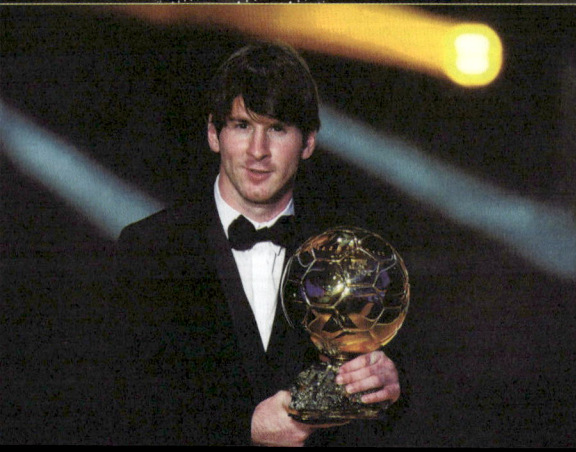

我想一辈子蹭梅西的流量

2021 美洲杯，作为赛会持权转播商的合作解说员，我在抖音上直播了梅西夺冠的大决战，数十万人在线观看，短视频的点击量更是超过了百万。不得不承认，我蹭了梅西的流量，而且从我的职业生涯伊始，我就想蹭梅西的流量。

2008 年北京奥运会，我在央视网解说足球赛，那是国内最早的网络转播。在和科特迪瓦的比赛中，梅西进了球，当时我喊"人挡杀人，佛挡杀佛"，评论区刷屏了。回到电视台，我又经历了 2008—2009 赛季梅西和巴塞罗那成为"三冠王"的时刻。蹭梅西的流量，是以熬夜为代价的，但梅西的每一次射门都宛如"神来之笔"，像是褪黑素，调理着我青春期的内分泌失调。

梅西在接受《时尚先生》(*Esquire*) 阿根廷版的采访时曾说："我对北京奥运会终生难忘，一辈子可能就这么一次。"我清楚记得，奥运临近，阿根廷国奥队还在和巴塞罗那为梅西参赛的事情扯皮，最后梅西表态"参加奥运是我唯一的选择"，这才有了潘帕斯雄鹰在鸟巢上空翱翔的经典场景。那天，梅西送出助攻，迪马利亚打入了全场唯一进球，阿根廷获得了奥运金牌，长久以来，这是"**梅西们**"唯一的冠军称号。

意指很多球星出道都被冠以"梅西"的称号，比如"希腊梅西""德国梅西"等。

后来，我有幸观摩过两届世界杯，只为看梅西。2014年在圣保罗科林蒂安球场，我的心提到了嗓子眼儿，在那场1/8决赛上，瑞士队对梅西进行了严防死守。我现场更新了朋友圈："一定有无数摄影记者绞尽脑汁想要拍一张'昨日重现'。"（1982年世界杯，马拉多纳拿到球，6名比利时球员的眼睛都在望向他。）然而，他们防得住梅西射门，防不住梅西传球，第118分钟，梅西中路突破后传球，迪马利亚禁区右侧低射攻进制胜球，从而闯进八强，那一幕让我仿佛穿越回北京的那个夏天！

2018年世界杯，阿根廷和尼日利亚同组，我早早就抢到了票，还申请了圣彼得堡到莫斯科的免费火车。但没想到，本来是悠闲之旅，差点儿就提前打道回府。阿根廷小组赛和尼日利亚即是生死战，好在第14分钟，梅西就进球帮助阿根廷取得领先了。梅西成为继马拉多纳和巴蒂斯图塔之后第三位在三届世界杯都进球的阿根廷球员，我也是第一次见到马拉多纳真身，其中一位触摸到马拉多纳的中国球迷还"赐予"我和马拉多纳间接握手的机会。但这并没有抹去我看到的梅西双膝跪地、两手指天的画面，英国《每日电讯报》认为，"2008 年奥运会时大放异彩的阿根廷球员们，并没能在这些年里带领阿根廷走向巅峰，这可能会是这批球员最后的世界杯之旅了"。

从 2008 年到 2018 年，我们蹭了梅西 10 年的流量，而梅西的在足球界的表现，用本书作者乔迪·蓬蒂借用作家伊塔洛·卡尔维诺提出的文学的五个概念——轻逸（Lightness）、迅速（Quickness）、确切（Exactitude）、易见（Visibility）、繁复（Multiplicity）——来定义再合适不过了。

就在帮助出版社审校本书期间，2021 美洲杯来了。参加过 2008 年北京奥运会的梅西、迪马利亚、阿圭罗加一起整整 100 岁了，迪马利亚在决赛中再度天使降临，复刻了北京奥运会的"挑落冠军"。颁奖典礼上，梅西最后一个接受颁奖，全队将他抛向了蓝白色的天空，剃了胡须的梅西明明还是 2005 年那个在郁金香王国无所畏惧的意气少年。我哽咽了，想起"百年美洲杯"失利后梅西宣布退出国家队的冲动话语——"如果不是我，阿根廷队很有可能拿到冠军"。

好在，他收回了气话，在"散步"的舆论中继续坚持。

"美洲杯金靴＋助攻王＋最佳球员"——没有比这更好的证明了。我对比了梅西三次错过美洲杯时的黯然神伤和这次笑逐言开，配上了BEYOND的《海阔天空》：

多少次，迎着冷眼与嘲笑，

从没有放弃过心中的理想。

一刹那恍惚，若有所失的感觉，

不知不觉已变淡。

心里爱（谁明白我），

原谅我这一生不羁放纵爱自由，

也会怕有一天会跌倒，

背弃了理想，谁人都可以，

哪会怕有一天只你共我。

小先森 L

他是连过五人的孤胆英雄，也是百步穿杨的任意球大师。他曾七夺金球，也曾决赛射失点球；他曾令众人膜拜，也曾遭人唾骂。不管身处山巅，还是低谷，都祝福你，里奥·梅西！

梅西的月儿

足球是梅西一生的热爱，足球与梅西是我一生的热爱。

从少年时代到垂垂暮年，梅西都将是我永远追随的光。

梅小团库小呆蒂小宝

为胸前的名字踢球，人们会记住身后的名字。

愿足球永远是梅西的珍宝珠，愿他永远快乐且自由。

特别感谢梅西给我带来了许多快乐，是他让我知道梦想一定会实现。希望我以后的人生旅途也能像梅西一样，不妥协，不放弃，全力追逐自己内心的渴望。

愿我们都能成为世界杯冠军球迷！

Daisy

经历过各种伤痛的梅西，在 2021 年终于为阿根廷夺得了美洲杯冠军的荣誉。看到他喜极而泣的一幕，我们都知道这荣誉多么来之不易。2021 年是属于阿根廷的一年，这一年的夏天，是属于梅西最完美的夏天。

很荣幸能成为梅西的球迷，他是我人生前进路上的一道光。希望 2022 年世界杯阿根廷能圆梦，梅西能圆梦！

DeMess1Cafe 科科

梅西说每个人都有自己的偏好，他并不知道自己是否是最好的球员。而对我来说，梅西就是历史最佳球员。感谢青春岁月里的陪伴。

关于他的每一件事都让我明白，我对他的喜欢远比自己想象的更多，并且这种喜欢绝对值得！

于菲霏

从 30 号到 19 号，到 10 号，再到 30 号，有时候号码不只是数字，一路历程中的沉淀更值得回味。永远支持身披蓝白战袍的梅西，他是逆风飞翔也不怵的潘帕斯雄鹰！

九戒

遇见梅西，我才遇见足球最美丽的样子。我想把最好的都给他，却发现他就是最好的。

有很多方法可以帮你选出心中最爱的运动员。譬如童年时珍藏在盒子里的图卡，就像一个遭到流放的国王，只有怀旧之情偶尔袭来之时，你才会打开盒子重温旧时光。譬如后背印着他的名字的褪色球衣，你已经穿了上千次，冥冥之中，它总能在决赛中带给你好运。譬如 YouTube 上他的移动和进球集锦，那是一些和你同样狂热但有更多空闲时间的球迷剪辑的作品，可以循环播放。

有一段时间，我最爱的球员是罗马里奥，我保留着一卷录影带，记录了他在第一个赛季打进许诺的 30 个进球。在巴萨输球或战绩不佳的时候，这段视频就成了我的特效止痛药。那是 1993—1994 赛季，罗马里奥成为西甲联赛的最佳射手。虽然现在我们已经被里奥·梅西惯坏了，觉得这个数据稀松平常，但在那时，这就像一个超自然现象，其中很多进球都是前所未有的——在他的首次西班牙国家德比中，他上演"帽子戏法"，开创了自己的"牛尾巴过人"，停球后掉转方向带球过了拉法埃尔·阿尔科塔；他的挑射和短跑，柔和而精准的触球或转身跑位；他埋伏在后方追踪足球，就像一个随时准备扑过来的捕食者。虽然有亵渎之嫌，当我在回顾这些比赛时，感觉就像在看一部预告片，预告了我们近十年目睹之状。约翰·克鲁伊夫执教的"梦之队"仿佛只是一个前奏，接下来是哈维、伊涅斯塔、普约尔、布斯克茨、梅西等人主演的正片，特别是在佩普·瓜迪奥拉和蒂托·比拉诺瓦执教的时期。

虽然赛程表会让我们将足球看成一个随时间发展的线性运动，每一场比赛都是重新开始，冠军必须在新赛季开始时重新出发，但我认为，足球是一个过去和现在交织的领地，有时——就像 **T.S.艾略特**诗中所说——甚至可以支配未来。后文中我会举几个具体的例子来说明我的狂热。足球也是回忆的领地，之所以令人兴奋，是因为它能让我们回到过去，重温伟大的球员，忘掉失利的比赛，体验英雄的处境，将回忆与愿望交织在一起。有些球现实中没有打进，或击中立柱，或偏出几英寸，但在记忆中，几年后另一个球员在一场比赛中将这个球打进了——虽说是进了一个球，但其实是进了两个：一个是现在庆祝的那个进球，另一个是曾经由我独自庆祝的那个进球。我的意思是，

T.S.艾略特（1888—1965），英国诗人、剧作家和文学批评家，代表作品有《荒原》《四个四重奏》等。

如果将足球看作一个平行世界，它会变得妙趣横生。如果你愿意，你也可以把它视为一种宗教、一个哲学体系，或者对意外的抗争。每个人看到的比赛都不一样，我们都是教练。专业棋手和诗人看到的比赛大抵都不相同。

但是，让我们回到开始。

就我而言，将里奥·梅西作为我最喜欢的球员，原因之一是我有时会梦到他。我记得自己只在巴萨对皇马的比赛前夕梦到过**罗纳尔迪尼奥**的跑动或某场拼接而成的、令我无法辨认球员的比赛。但是，我曾不止一次地梦到梅西。我曾梦到自己好像变成了他的父亲，正在某间小餐厅的吧台上为他准备早餐，地点很可能是罗萨里奥（我从没去过那里）。我曾梦到我们好像有血缘关系，我是他的哥哥，与他坐在一辆空荡荡的公共汽车上，车外是一片荒废的足球场。我曾梦到他完成了惊人的进球，以突破地心引力的方式带球奔跑，如一道神奇的北极光展现在我的面前。在这些梦里，梅西都是独自一人，我想精神分析师或许能对这些元素做出解释，它关涉我自身而非这个阿根廷人，

中国球迷习惯称之为"小罗"。

但我将它解释成——我想将它解释成——一个超越当下的联系，一个存在于无意识的虚幻世界中的关系。他对此一无所知，但他踢球的方式常令我感到快乐，无论是在当下的现实中，还是在虚构的梦境里。

本书西班牙语版出版于 2018 年，英文修订版出版于 2019 年。

本书成形于不久前，我希望以此延续这种快乐，而非做出解释。伊塔洛·卡尔维诺曾描述过 21 世纪的文学特征，以他的观点来看，梅西具备所有的特质：轻逸、迅速、确切、易见、繁复。我会在后文详细阐述。

我在童年时收集的足球图卡主要有两种：一种是静态图，球员站在绿茵场上摆出拍照的姿势；另一种是动态图，球员在射门或控球（如果是守门员，就做出救球的动作）。梅西最能同时体现这两种状态——在球场中间静静踱步，缓慢移动，然后突然爆发。本书也许可以看作是一张动态图卡，一个时长 10 秒的跑位的网络短视频。我用自己的语言来简单阐述一下其中的动作——我多少受了雷蒙·格诺的启发，想以梅西的形象进行"**风格练习**"。

译者注：《风格练习》（*Exercices de style*）是法国作家雷蒙·格诺最著名的作品之一，以 99 种不同的叙述方式讲述了同一个故事。

解构梅西。

重述梅西。

　　他是每一篇文章的主角，有千姿百态的面孔，而我的任务就是在这些篇章里捕获历史最佳球员的美、渴望、天才、现代性、痴迷与本能等等。所以，"梅西""进球"和"巴萨"将是最常出现的词语——当然还有"阿根廷"——但这不足为奇，不是吗？

我不是巨星，我只想踢得好一些，更好一些。

所以，请球迷不要相信梅西能够制造奇迹，但是一定要相信梅西不怕困难，无畏逆境。

CONTENTS 目录

01

巴萨首秀，传奇的开始

"这场首秀比赛对我的职业发展至关重要，因为它实现了我最初的梦想。"

说实话，里奥·梅西在巴萨一线队的首秀很不起眼。这是一场为庆祝葡萄牙波尔图足球俱乐部的新体育场——波尔图巨龙体育场——落成而举行的友谊赛，最终巴萨以 0∶2 不敌波尔图。那是 2003 年 11 月 16 日，星期天，如今很多葡萄牙球迷都希望梅西当年能打进这个球场的第一个进球，可惜他没有。他的首秀与每一位年轻球员的经历别无二致。这就像……某天，你被选中参加一线队伍的友谊赛，和老队员们一同出征，你羞怯又羡慕地看着他们，然后在比赛结束前二十分钟，教练派你上场；上场前，你将这个机会视为上天的恩赐，赛后你却羞愧难当，因为你记得每一件该做却未做的事。梅西也是如此。赛前的夜晚他因紧张而难以入睡，赛后的清晨他又悔恨自己错失良机没能破门。但在不久前，我重温了这场比赛，作为事后诸葛亮，再加上这么多年的了解，我立刻发现，虽然算不上惊为天人，但在葡萄牙那片不善于制造刺激的国土上，这位身穿肥大球衣的矮小少年的确为那个沉闷的夜晚注入了一丝生机。我甚至怀疑，如果他在场上的时间更长，甚至首发出场，比赛结果将会如何。

那天下午，大部分一队队员都在各自的国家队内集训，因此弗兰克·里杰卡尔德排出了一个相当随意的阵容。奥莱格、马克斯、纳瓦罗、加布里、哈维、路易斯·恩里克和门将霍尔克拉都是名人，剩下的球员全都来自青年队。下半场出现了友谊赛中常见的球员轮换——每个人都有机会上场。终于，比赛进行到**第74分钟**，这是一个开创性的时刻，是一个起点，是一次珍贵的初体验，是一切的缘起——梅西替换下费尔南多·纳瓦罗，他跳进球场，迈出了第一步。他当时身穿**14号**球衣，这真是一个克鲁伊夫的预告。当梅西走向主教练为他指定的赛场区域时，葡萄牙电视台专家评论道："加泰罗尼亚的人都说，他让他们想到了马拉多纳。"

巴萨中文官网的信息是第71分钟，其他多数网站的信息是第74分钟。

14号是荷兰传奇球星约翰·克鲁伊夫钟爱的号码，也成为他的代表性号码。

这样的评价在今天看来似乎理所当然，甚至老套乏味，但在当时听来却非常离谱。梅西只有 16 岁零 4 个月 23 天。他是在一队完成首秀的第三个年轻的球员，在他之前是哈鲁纳·巴班吉达——范加尔让他在 15 岁零 9 个月 11 天时完成首秀，还有传奇前锋保利诺·阿尔坎塔拉——他在 **1929 年 2 月**的首秀中打入 3 个进球，当时只有 15 岁零 4 个月 18 天。

此处疑作者书写有误，保利诺首次登场的时间应为 1912 年 2 月。

这只是梅西职业生涯的众多纪录之一，而这场首秀中还有其他更加引人注目的地方。仿佛历史偏要和当下玩些把戏，当时波尔图的教练正是若泽·穆里尼奥，时任巴萨队长的路易斯·恩里克司职中锋。梅西踢的是中场位置，或者按他喜欢的叫法是"组织进攻者"。在第 80 分钟，他接到路易斯·恩里克的长距离斜传球，差点儿破门得分。几分钟后，他从守门员脚下断球，眼看就能得分，他却决定将球传给队友，结果没能成功。可以说梅西充分利用了这二十分钟，他积极参与比赛，不断给对手制造麻烦和威胁。第二天，《世界体育报》的"One by One"版面给他打出三颗星，称他"技术娴熟""他的球风像罗纳尔迪尼奥，他本可以打进两个球"。

No

　　回顾梅西在巴萨一队的首秀，赛前，里杰卡尔德向 B 队主教练佩雷·格拉塔科斯询问，哪位球员最适合去参加这场友谊赛。佩雷回答："请你选择里奥，不要犹豫。"当时的梅西羽翼尚未丰满，仅仅作为替补球员亮相，但他展现了自己的实力，为巴萨队带来了希望。在接受赛后采访时，梅西坦言："这场首秀比赛对我的职业发展至关重要，因为它实现了我最初的梦想。"

　　那天与梅西同时完成首秀的还有几个来自巴萨二队主场迷你球场的年轻球员，他们一直在努力引人注意，其中包括：**奥里奥尔·列拉**，目前效力于西悉尼流浪者队；蒂亚戈·卡尔瓦诺，巴西人，曾效力于巴萨 B 队，此后先后在德国、瑞士、澳大利亚和美国踢球；马内尔·埃斯波西托，同样是几经辗转，曾在澳大利亚踢球，现在效力于比利时乙级联赛；霍尔迪·戈麦斯，他曾经前往英国，现效力于奥莫尼亚球队。可以肯定的是，他们都不会忘记随一队首次登场的那个下午。他们会问："我有没有和你讲过我和梅西第一次为巴萨比赛的事？"因为他们知道，这样接下来的十分钟，你的注意力都会放在他身上。

奥里奥尔·列拉2017—2019 年效力于西悉尼流浪者队，目前效力于阿尔科孔 B 队，担任经理助理一职。

　　梅西之所以成为巴萨的核心，除了他坚持不懈的努力以外，还要归功于两位教练，一位是不断提升他的佩普·瓜迪奥拉，另一位是最初提拔并重用他的弗兰克·里杰卡尔德。2003 年到 2008 年，里杰卡尔德担任巴萨主教练，第一年，他带领球队夺得亚军，随后两年，他指导巴萨完成西甲两连冠。他缔造了巴萨梦二王朝，带领巴萨球员再创辉煌。

　　2004 年 10 月 16 日，在巴萨对阵西班牙人的足球赛上，梅西完成了第一场正式比赛。之后，他在 2005 年世青赛后渐渐成为巴萨的主力。主教练里杰卡尔德看重并悉心培养梅西，使他处于球队的首发位置，最终让他成为巨星。

　　梅西在巴萨的职业生涯中，先后曾与八位主教练合作过。分别是里杰卡尔德、瓜迪奥拉、比拉诺瓦、马蒂诺、恩里克、巴尔韦德、塞蒂恩、科曼。在接受埃及电视台 MBC 采访时，梅西被问到哪位教练是最重要的，他肯定地回答："里杰卡尔德。每位教练都教授我许多技巧，但最重要的教练是里杰卡尔德。他在合适的时机选择我，让我加入巴萨一线队踢球，因此我才有今天的成就。"

在谈到梅西时，里杰卡尔德说道："我最初和梅西相识的时候，立刻意识到，他是个独一无二的球员。梅西不但有足球的天赋，而且有出色的心理状态，他天生就是个足球运动员。"

"进球"就是梅西给球迷们留下的印象，很多球迷都认为梅西是巴萨的球霸。对此，他的伯乐里杰卡尔德说："梅西非常谦逊，最善于团队协作，他总是很感激他的队友们。"

文中提到的梅西的队友奥里奥尔·列拉，2020年7月度过了自己的34岁生日，随后宣布挂靴。他曾效力过巴塞罗那青年队、塞尔塔B队、科尔多瓦、阿尔科孔、奥萨苏纳、维冈竞技、拉科鲁尼亚和西悉尼流浪者。2019年夏天，他从西悉尼流浪者回到西班牙加盟富恩拉夫拉达，在西乙联赛出场了 33 次，打进 1 球，助攻 3 次，在国王杯出场两次。职业生涯中，列拉在西甲出场过 102 次，打进 23 球。

文中提到的另一位球员长霍尔迪·戈麦斯目前还在踢球，2020—2021 赛季欧联杯小组赛第 2 轮，塞浦路斯豪门球队奥莫尼亚以 1：2 不敌荷甲劲旅埃因霍温，奥莫尼亚队长霍尔迪·戈麦斯后场吊射，轰出 56 米世界波，创下欧联杯 49 年来的新纪录。

02

阿根廷小子

"梅西在任何方面，都不想输。"

每个职业足球运动员最初都是一个踢着球到处跑的孩子，他能将任何东西变成射门目标，甚至不需要对手，只需要一堵墙或类似球门的东西，或者仅仅有踢球的欲望足矣。里奥·梅西很幸运，在 4 岁生日时，他收到了父亲送给他的一个足球。他从小就有踢球的天赋，带球速度惊人，球感在伙伴们中非常突出。他有两个哥哥——罗德里戈和马蒂亚斯，还有两个表兄弟，他们常常一起踢小型比赛，阿根廷人称之为 "Un Picadito"（娱乐性的踢球游戏）。大家会在星期天聚到外祖母塞莉娅家，从早踢到晚。梅西曾回忆："我经常和他们打起来，一旦输球了，我就会又哭又闹。"梅西在童年时期就表现出强烈的好胜心，父亲豪尔赫曾说："梅西在任何方面，都不想输。"他们住在罗萨里奥的同一个区内，成长轨迹也一致——少年时在家附近的格兰多利俱乐部踢球，然后前往纽维尔老男孩队。

有时资深球迷批评梅西在国家队的作用，指责他只在城市风格的柏油路上踢球，没有在社区的泥泞跑道或荒地上——或他们所谓的"尘土飞扬的球场"——练过球。他们错了。的确，梅西5岁就进了俱乐部，一直在踢七人制足球赛，他和所有的孩子一样，一有时间就踢球。有位老师记得他经常沿街踢着球来上学。豪尔赫·巴尔达诺的回忆也驳斥了"城市足球"的观点。

梅西出生于罗萨里奥的贫民区拉斯帕雷哈斯（Las Parejas），他的出生卡上记录着：3公斤，47厘米。童年时，梅西个子矮小，伙伴们给他起了绰号"普尔加"（Pulga），西班牙语的意思是"小跳蚤"。他最初是在纽维尔老男孩队崭露头角，他在首场试训比赛中连进两球，最终他所在的球队获胜。他在一次采访中这样描述自己的足球青春："从家里出来就是上千平方公里的足球场，草地上只有几头奶牛和几棵树，其他地方全都是球场。"

世界就是一个无穷大的足球场。这样一幅自由的画面能激发我们浮想联翩。我们是否常常听到贫苦出身的巴西、哥伦比亚或阿根廷球员的故事？他们赤脚在贫民区里踢着一只泄气的皮球，在街道和海滩上磨炼球技。这样的场景全靠想象，我们会因此想起自己的童年，怀念起没有专业体育装备时的足球运动，那是二对二或三对三的小游戏，用两件套头衫就能围成一个球门。

相比之下，梅西最让我们吃惊的可能是他从一开始就留下的影像资料。似乎每件事都已提前写好了剧本。他们那一代有录像机可以录影，所以我们不必想象他童年时期如何踢球，因为从公开的影像里就可以看到不满 6 岁的梅西在格兰多利附近的一个土球场上踢球，那画面足以让人惊叹。看了下面的内容，你一定想立刻登录 YouTube 网站。

梅西是当时队中最矮的孩子，但他已经身披 10 号战袍。这可能是他父亲或某个很有远见的教练的决定。当皮球在地上滚动时，所有的孩子都追在后面跑，几乎没有组织和防守，不管三七二十一，只想射门而已。他们毫无节奏地奔跑，累了就停下来。这些孩子只有五六岁，你还指望他们怎么样呢？但是，有一个孩子看似跟其他人一样，却又有所不同。他很聪明，总能顺利过人。他追在球后，一旦拿到球就能牢牢护住。其他孩子只能通过犯规来阻拦他，否则他会跑动、盘带、穿裆过人，然后射门。另一队从中场重新开始，这个孩子从他们的脚下将球抢过来，然后再次跑向球门。稍微庆祝一下后，他又返回自己的半场，再次集中注意力，两条胳膊紧贴在身体两侧。让我们继续进攻吧！

这些都是我们了解的梅西的早年经历。有的父母会录下孩子的生日聚会或海边度假，也有一些父母会录下孩子踢球的样子。

梅西成长为今天这样的明星之后，越来越多的旧相识分享了有关他的回忆。比如利马的门德斯一家，他们仍然保留着梅西的纽维尔老男孩队的黑红色球衣，那是梅西作为球员第一次将球衣赠予他人。当时梅西第一次离开祖国，前往秘鲁参加"友谊杯"国际锦标赛时，寄住在门德斯家里。第一晚，他们给梅西做的烤鸡太辣，结果梅西病倒了。第二天早上，他看上去已经没法踢球了，但在最后一刻，他喝了一些苏打水，然后重新振作起来。人们往往会记住这类细节。他们以 10：0 战胜了对手，梅西打进了 9 个球。你可以在 YouTube 上找到这次锦标赛的照片，纽维尔老男孩队最后夺冠。那时梅西 9 岁，已经踢了 4 年足球。他依然是队里最矮的球员，却是球队的核心，总能创造机会。防守队员将球踢向空中。小梅西以强大的掌控力将球停住，带球越过体形足有他两倍高大的防守球员，然后射门得分。他会像成年人那样庆祝进球，队友们会扑到他身上，兴奋地呼喊："喔噢喔噢喔噢！里奥里奥里奥！"

13 岁时，梅西来到巴塞罗那，这些情绪被推向另一个高度。在他效力于巴萨青年队的视频中，最有趣的一点是他在很多方面与现在并无二致，好像他一出生就具备了那样的才华，他带着全部的才华穿越时空而来。他像今天的梅西一样传球、盘带、射门、转身过人。所有的视频都没有捕捉到梅西在罗萨里奥第一次盘带、第一次射门、第一次庆祝进球的那天，而那正是他职业生涯的真正奥秘。

在格兰多利球场的视频中，每当 5 岁的梅西进球，你都能听到庆祝的欢呼声。有一次他发动进攻，在球场上飞奔，当他闪过对手时，有人大喊："里奥！让他们看看，让他们看看……"这可能是外祖母塞莉娅的声音。是她带着孙子们去参加训练，也是她说服教练让梅西在那么小的年纪就上场踢球。尽管塞莉娅在梅西 11 岁那年就与世长辞，但她是第一个对梅西产生重大影响的人。即使在今天，每当梅西进球得分，他都会抬头仰望并将手指向天空以纪念他的外祖母，这个手势仿佛跨越时空，回到过去，我们又看到了多年之前的那个孩子。

　　梅西除了两个哥哥罗德里戈和马蒂亚斯、两个表兄弟马克西和比安库奇外，几年后还有了一个堂弟布鲁诺。埃曼努埃尔至今还在踢职业联赛，他有个绰号"小跑牙"，梅西小时候就这样喊他。

　　2021年西班牙超级杯决赛，梅西在巴萨与毕尔巴鄂的比赛中被罚下，这也是他在巴萨一线队正式比赛中第一次吃到红牌。巧合的是，在同一天，梅西的表弟埃曼努埃尔也在比赛中被红牌罚下。

　　2008—2009赛季西甲联赛，巴萨以6∶1击败马竞，梅西在进球后指了指自己的门牙，很多媒体误认为这是向小罗"致敬"，甚至还有人认为有对前辈不敬之嫌。事实是在赛前，梅西接到了表弟比安库奇的亲哥哥马克西的电话。马克西和梅西商量，如果他进球了，能不能鼓励一下在慕尼黑1860二队踢球的比安库奇。在欧冠1/4决赛中，巴萨和拜仁握手言和。赛后，里贝里主动过来和"小弟"交换球衣，而梅西答应了要把球衣送给在场

边观战的表弟比安库奇。后来，比安库奇升入了慕尼黑
1860一队，在西乙联赛中穿上了10号球衣，但他后来
去了巴拉圭和秘鲁联赛。说起巴拉圭，2011年，梅西的
表哥马克西为他效力的球队——巴拉圭奥林匹亚——夺
取了重要锦标。

餐巾纸合同

03

目前世界上最有名的餐巾纸可能是促成梅西的第一份合同，并将他永远记录在巴萨历史上。

我们或许未曾察觉，但能拥有多种多样的餐巾纸的确是一件幸事。去亚马逊商城逛一逛，你就会发现，纤维被加工成各种尺寸和颜色的食品卫生用品，以满足不同阶层潜在购买者的需要。有些餐巾纸由一层棉纤维制成，折成"之"字形，在周末享用开胃酒的时候使用（擦拭油腻的双手）。有些餐巾纸由三层或三层以上新型纤维用纸制成，这种奢华的餐巾纸可以吸干溢出的果汁和酱汁，有望取代传统的白色棉质餐巾。不过在两者之间还有一种中档的餐巾纸——由两层蜡纸制成，材质轻薄，随处可见，常用来包三明治或牛角包。此外，它还有一个重要的特点——可以用圆珠笔在上面书写。

这种餐巾纸鲜有精细的饰面和瑕疵，因此可以吸收墨水。曾有人在上面写下改变科学进程的数学公式；有人在上面素描出一辆新车的流线型设计；有人在上面草草写就豪情万丈的诗歌；有人在上面匆匆记下 4-4-2 阵型的足球战术。**萨尔瓦多·达利**靠在餐巾纸上签名的方式来支付餐馆的晚饭钱，爵士音乐家泽维尔·库加特也曾用同样的方式来买香烟（但并不总是奏效）。

萨尔瓦多·达利（1904—1989）出生于西班牙，是著名的超现实主义画家。

但无论属于哪个档次，所有的餐巾纸都面临同样的命运——垃圾箱。没有人会把餐巾纸保留一天以上，也没有人会重复使用一张餐巾纸。餐巾纸的寿命非常短暂。因此，当某张餐巾纸在使用中幸存下来并进入历史，它往往会像一件战利品那样被装裱起来。目前世界上最有名的餐巾纸可能是促成梅西的第一份合同，并将他永远记录在巴萨历史上。

让我们来了解一些基本事实。这张"餐巾纸合同"签署于 2000 年 12 月 14 日中午，当时梅西 13 岁，所有事情都由一位名叫奥拉西奥·加吉奥利的阿根廷经纪人代理，因此这张合同上并没有梅西的签名。合同的签署地点是蒙特惠奇山脚下庞佩亚网球俱乐部的餐厅，幸亏某人曾在某一时刻决定在餐厅里使用中档餐巾纸。和加吉奥利同行的还有另一位足球经纪人何塞普·马里亚·明格利亚，以及时任巴萨技术总监的查理·雷克萨奇。

事情的经过大致是这样。

早在梅西 10 岁的时候，就收到多家足球俱乐部的入队邀请。遗憾的是，他被诊断出生长激素缺乏症。起初，梅西依靠国民健康保险来支付每个月 900 阿根廷比索（59.34 人民币）的治疗费用，后来，阿根廷的经济极度衰退。据梅西的父亲回忆，"我当时的月薪是 1600 比索（105.5 人民币），如果全部用于支付治疗费用，那么会带来沉重的家庭负担"。

昂贵的治疗费令足球俱乐部纷纷退却，河床俱乐部将梅西拒之门外，而他当时所在的纽维尔俱乐部只同意承担部分治疗费用。唯有梅西的教练库卡对他深信不疑。库卡将梅西引荐给巴萨的技术总监雷克萨奇。

雷克萨奇观看了梅西青训的比赛后，对他印象深刻。之后，梅西通过了巴萨的试训。如前文所说，在当时的录像中，你可以看出这个 13 岁男孩是球场上最小的，但他巧妙的跑动、盘带和射门都能让你眼前一亮。尽管来自罗萨里奥的报告称他未来会长成体魄强健的大个子，但一向以行事拖拉而闻名的雷克萨奇还是过了好几个星期才看到梅西的表现——以往他只关注那些大个子球员。

梅西和父亲的耐心耗尽，准备收拾行李回阿根廷时，雷克萨奇才通知这个男孩去训练。他给梅西安排的合训队友年龄都在 15 岁左右，而他只用了 5 分钟就看出梅西是一颗尚未雕琢的钻石。雷克萨奇满腔热情地想与梅西签约，他说："我们必须要和梅西签约，梅西有超乎寻常的能力，他就是为足球而生的。"但当时胡安·加斯帕特和安东·帕雷拉等俱乐部大佬并不想签下这个来自阿根廷的男孩，因为签下他意味着球队要负担他的食宿，给他的父亲找份工作，甚至还要支付他的激素生长治疗费用。而后，雷克萨奇三番五次地向巴萨的高层提议，希望尽快和梅西签约，但是巴萨的高层始终犹豫不决，他们认为梅西太矮了，或许更适合打桌球。

随着时间的推移，回到阿根廷的梅西一家逐渐失去了耐心。2000 年 12 月 14 日，雷克萨奇和加吉奥利在当地的一家俱乐部打网球。随后，在就餐过程中，他们碰见了梅西的经纪人明格利亚。明格利亚和加吉奥利谈起了这位足球小将，他们都被梅西的天赋和潜力所征服。明格利亚给他们下了最后通牒——机不可失，时不再来。

"现在，就在这里？"雷克萨奇反问道。见对方十分坚决，他当即决定用餐巾纸写下声明，没想到就此开创了一段传奇。从某种程度来说，这场平淡的交易与梅西那不可捉摸的独特球风一脉相承。

没有任何公证人在场，也没有一般合同所用的公式化的铅印文字，这项文件声明如下：

本人查理·雷克萨奇，于2000年12月14日，在巴塞罗那，在明格利亚先生与奥拉西奥先生的见证下，以巴塞罗那足球俱乐部技术总监的身份承诺，尽管目前仍存在分歧，但只要俱乐部保证履行约定之金额，本人与里奥·梅西签约。

这份声明最后落有三个人的签名。原文没有标点符号，也省略了奥拉西奥·加吉奥利的姓氏，足可见签下这份合同时已到了不能浪费任何一秒钟的最后关头。尽管如此，雷克萨奇这只狡猾的老狐狸还是保证合同在"仍存在分歧"和"保证履行约定之金额"的情况下签署。他是在为自己留后路。

接下来的事大家都知道了，因为这张纸，梅西于2001年2月重返巴萨，经过一些挫折和磨合，他逐渐适应了环境，并让所有的球员和教练刮目相看，他向大家展示了一条从俱乐部底层开始的逆袭之路。

后来，当梅西显露出当代最佳球员的迹象时，奥拉西奥·加吉奥利将那张餐巾纸装裱起来，放入巴塞罗那一家银行的保险箱中。每隔一段时间就有传言说巴萨博物馆要展出这张著名的餐巾纸，但狡猾的奥拉西奥·加吉奥利说，这事还有待商榷。或许应该再起草一份餐巾纸的转让合同。应该有人去提醒查理·雷克萨奇。

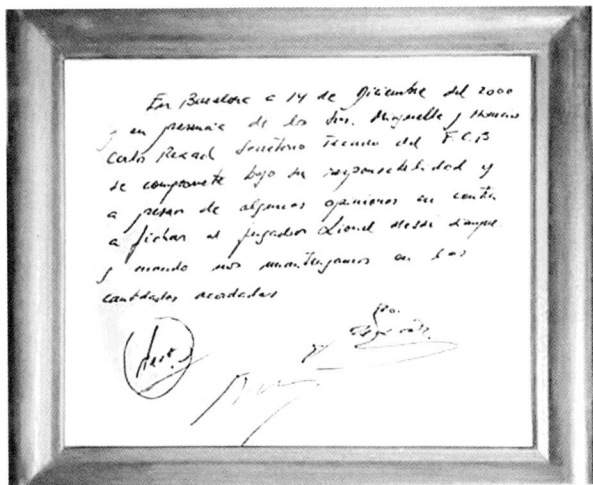

2000 年 12 月 14 日，梅西与巴塞罗那签订了他的第一份合同，即"餐巾纸合同"

2020 年 8 月，阿根廷 TyC 电视台曝出一条震惊足坛的消息：梅西通过传真告知巴萨，自己将要离队。随后，TyC 电视台又将此消息删除。阿根廷记者维罗尼卡·布鲁纳蒂透露：梅西的离队条款于 6 月 10 日已到期，如果他要离队，必须支付 7 亿欧元违约金。梅西对外解释道："要么支付 7 亿欧元解约金，要么闹上法庭，但我永远不想与巴萨对簿公堂。"梅西与巴萨的合约将于 2021 年到期。但事情出现了反转。9 月 30 日，梅西接受《每日体育报》的专访，承认了自己过激的行为。他说道："我为自己的错误承担责任，我只是想让巴萨变得更好。我想告诉所有会员及球迷——如果任何时候、任何人对我做的或说的感到不满，我做的所有事都是以希望俱乐部利益最大化为出发点。"由此可见，梅西主动选择和巴萨和解，他仍会在接下来的比赛中再续辉煌。

2021 年 3 月，拉波尔塔再度当选巴萨俱乐部主席。2003 年到 2010 年间，他就曾担任巴萨俱乐部主席，在职期间打造出了巴萨"梦二队""梦三队"。在就职典礼上，他承诺自己"会努力让梅西留下来"。

但事与愿违，当地时间8月5日，巴萨在官网发布声明，确认梅西将不会继续为俱乐部效力。巴萨表示，尽管与梅西双方均已达成在当天签署新合约的协议，但由于受制于经济和西甲联盟相关政策，双方无法正式将协议落实。官方统计数据显示，自2000年成为巴萨青训营一员以来，梅西为巴萨一线队出战了777场正式比赛，打进了672个进球，累计帮助巴萨赢得了35座冠军奖杯。此外，他以巴萨球员身份赢得包括6座金球奖在内的多个最佳球员奖项。三天后，梅西召开了新闻发布会，刚抵达发布会现场，梅西就忍不住哭了，即将告别效力了21年的诺坎普，他怎能控制住自己的情绪？

新的形容词

这不是第一次，也不是最后一次。

两个挑射：一个用左脚——他的惯用脚，另一个用右脚——水平也不差；一个机会球；另一个在他将对手从中路拉向右路后，利用他常用的跑动打入；还有一个是从禁区边缘轻轻推入球网。

精彩、不凡、难以捉摸、技艺高超、独一无二！

这一晚在诺坎普球场，梅西在对阵勒沃库森队的比赛中打入 5 球（2012 年 3 月 7 日）。这是欧冠 1/8 决赛次回合，梅西在第 25 分钟、第 42 分钟、第 49 分钟、第 58 分钟和第 85 分钟进球，上演了"五子登科"，成为首位在欧冠改制后单场"五子登科"的球员，也是欧冠历史上唯一一位在淘汰赛中单场进五球的球员！（顺便提一句，斯蒂亚诺·罗纳尔多、贝尔巴托夫、萨连科等人，也有过"五子登科"的创举。）这场比赛的最终结果为7：1，巴萨大胜勒沃库森，另外两个进球是新人克里斯蒂安·特略贡献的。但让我们难忘的是梅西的"五子登科"。这是欧洲冠军联赛的新纪录。第二天，多家媒体再次表示，这个阿根廷人的表现让他们词穷。

这不是第一次，也不是最后一次。

我想不出还有哪个球员曾引起过这样的反应——从来没有人说过贝利、马拉多纳、克鲁伊夫或迪·斯蒂法诺令人词穷。或许这就是我们的时代特点———切都要被翻来覆去地定义和分类，叫人腻烦。但我们可以据此将他称为史上最佳球员，一位令人词穷的足球运动员。

在我的记忆中，这种现象第一次出现在2010年3月巴萨在联赛中击败皇家萨拉戈萨之后。我们以4：1取胜，当时23岁的梅西上演了"帽子戏法"，

此处疑作者书写有误，最终比分应为4：2。

并在最后一分钟制造了点球。他没有亲自主罚点球，而是将机会给了伊布拉西莫维奇。这个进球对伊布来说是一个慰藉，此前他错失了 3 次绝佳的机会，在比赛接近尾声时依然颗粒无收。阿根廷人又得到了一个赞誉——宽厚，或者说大度、慷慨。在赛后的记者发布会上，佩普·瓜迪奥拉说："没有词可以形容梅西。我已经词穷了。"久而久之，"词穷"这一新闻策略成为赞美梅西非凡表现的另一种方式。显然，字典里不缺形容词，永远也不缺，但记者们的词汇会枯竭。而梅西所做的恰恰相反——他在创造词汇，激活语言，唤醒我们的表达意识、创造力、丰富的联想和诗意。我们要用语言表达所见，找出配得上他的词汇。他不仅让我们深入挖掘记忆——或翻找同义词词典——寻找最高级的赞美之词，还迫使我们开发智力，避免自我重复。比如，阿根廷的各大日报就是这方面的行家。

巴萨以 7 : 1 大胜勒沃库森之后，体育日报《奥莱报》只打出了一个标题——毕加索，副标题是"足球艺术家"。洪都拉斯《第十日报》将这五个进球称为"梅西第五交响曲"。加泰罗尼亚《体育报》的标题更加简单明了——外星人。

作家马里厄斯·塞拉就此给《先锋报》写过两篇文章，为了避免有人才思枯竭，他列出了 584 个西班牙语形容词，从 abismal（深不可测的）到 zaragatero（爱热闹的）。另一位作家马克·帕斯特后来在 Fot-li Pou 网站上发表了一篇文章，为后人杜撰了一个新的形容词：Messian（梅西附体的）。词义解释如下：

　　Messian [21 世纪；取自里奥·梅西的姓氏；代词：mess-ee-an] 1. adj. 形容某人擅长足球，在比赛、跑动或射门时表现出高超的技术水平、毅力、质量和力量。2. 引申义。用于如里奥·梅西般出色表现的比赛、淘汰赛或决赛。例句："Santos lost the World Club Final to a Messian Barça."桑托斯在世界俱乐部决赛中输给了梅西附体的巴萨。"Barça is experiencing a messianly unbeatable stream of games."巴萨好像梅西附体似的保持了不败战绩。"Who's pichichi in the League？ A Messian Luis Suárez."谁是联盟的最佳射手？梅西附体的路易斯·苏亚雷斯。

　　2010 年 4 月，与皇家萨拉戈萨比赛已经结束了一个月，我们还在为梅西的表现感到战栗，他又在诺坎普球场面对阿森纳队打进 4 球（4∶1），从而将巴萨送进了欧冠联赛的半决赛。比赛结束时，阿尔塞纳·温格表示，梅西是"游戏机球员"——这一称号更新了巴尔达诺多年前对罗马里奥的赞美，当时他称赞这个巴西人是"卡通球员"。这两种说法都是指球员的表现有悖逻辑，好像更接近虚构而非现实。

　　不久前，我重温了这场对阵阿森纳的淘汰赛集锦——我现在说话很像一个电影评论家。赛事解说是英语，当梅西打入第三个进球时，解说员妙语连珠——精彩、大胆、神奇。实际上，我喜欢看英语的赛事转播，因为我认为这些专家更善于描述伟大功绩。他们当然会因循惯例，但也能给出不落俗套的形容。我曾在美国 beIN SPORTS 频道观看了 2016 年联赛中巴萨对阵西班牙人队的比赛。他们的赛事解说员雷·哈德逊曾效力于纽卡斯尔联队，他在解说时妙语连珠，非常善于运用比喻。梅西以一记巧妙的进球为自己的表演画上圆满的句号，哈德逊见此欣喜若狂地大喊："他无人能敌！他就是哈利·胡迪尼，他就是**大卫·布莱恩**！下一站，拉斯维加斯！他是地球最强者，他是天才。"

哈利·胡迪尼与大卫·布莱恩均是世界著名的魔术师。

足球领域有一些惯用术语。一场比赛打进 2 球，称为"梅开二度"；打进 3 球，称为"帽子戏法"；打进 4 球，称为"大四喜"；打进 5 球，称为"五子登科"。

2012 年，是梅西职业生涯的巅峰，除了前文提到的"五子登科"，梅西还创下了多项纪录。那一年，似乎整个足坛都在呐喊：梅西！梅西！梅西！

2012 年，"梅开二度"几乎成为梅西的专属词，他在 2011 年的最后一场比赛中，以"梅开二度"为巴萨赢得世界杯冠军。2012 年的首场比赛，巴萨对战奥萨苏纳队，梅西在国王杯替补登场，展现出高超球技，以"梅开二度"为球队带来胜利。

那一年，梅西多次上演"帽子戏法"。其中，巴萨客场以 4：1 战胜马拉加队；巴萨以 5：3 战胜格拉纳达队，当时，梅西以 234 个进球成为俱乐部史上的"头号射手"。

2012 年 2 月 19 日，巴萨主场迎战瓦伦西亚队，梅西上演了"大四喜"，助巴萨以 5：1 获胜；5 月 5 日的加泰德比战中，梅西再度上演"大四喜"，巴萨以 4：0 战胜西班牙人队。梅西的职业生涯中，总共上演了 7 次"大四喜"，其他球员无人能与之匹敌。

梅西在 2012 年创造了多项纪录，他在 69 场比赛中打进 91 球，打破了盖德·穆勒尘封近 40 年的 85 球纪录。计算一下，梅西平均每场打进 1.32 个球。梅西为巴萨出场 60 场，打进 79 球；为阿根廷国家队出场 9 次，打进 12 球。在西甲联赛中，梅西共有 14 次"帽子戏法"，打破了塞萨尔·罗德里格斯保持的 13 次纪录。与此同时，在西甲联赛中，梅西为巴萨打进 50 球，成为最佳射手，打破了 C 罗在 2010—2011 赛季保持的纪录。梅西在各项赛事中为巴萨助攻 29 次，创造了个人新纪录。

2012 年，梅西获得了 14 项大奖，最权威的是国际足联金球奖，该奖项每年颁发一次，授予上一年度最优秀的足球运动员。梅西以 41.60% 的得票率荣登榜首，击败 C 罗（23.68%）和伊涅斯塔（10.91%），他是连续 4 年斩获金球奖的第一人。梅西发表了获奖感言："我再度获得了 FIFA 金球奖，这是难以置信又令人惊喜的。首先，我要感谢我的队友伊涅斯塔，以及所有巴萨的队友。同时，我也要感谢阿根廷国家队的队友。我还要感谢我的家人和朋友，也要感谢我的教练。最后我要感谢我的妻子和儿子。"他真诚而朴实的致谢词，赢得了现场观众热烈的掌声。此外，那一年，梅西还获得了国际足联年度最佳阵容、IFFHS 世界最佳射手、IFFHS 年度最佳前锋等多项大奖。

在梅西的足球生涯中，他的外祖母给予了他非
常大的支持。为了纪念去世的外祖母，梅西每
次进球后都会做出"双手指天"的庆祝动作

球王的较量 05

梅西永远都是梅西。

中国球迷习惯称
之为"C罗""小
小罗""CR7"。

梅西和**克里斯蒂亚诺·罗纳尔多**。

10号和7号。

提起这两个名字,有人就会自动联想到莫扎
特和萨列里、特工007和诺博士、可口可乐和百事
可乐、披头士乐队和滚石乐队。对这两位优秀的球
员进行比较,方式有很多,但我们可以先从数据
着手。

2014—2015赛季是路易斯·恩里克执教巴
萨的第一个赛季,球队以94积分、110个进球
赢得西甲冠军。皇家马德里是92积分、118个

进球。这些数据超乎寻常，如果将其与欧洲其他重要联赛对比，就能看到显著的差异。

让我们来看看。

在德国，拜仁慕尼黑以 79 积分、80 个进球赢得德甲冠军。在英国，切尔西以 87 积分、73 个进球获得英超冠军。在意大利，尤文图斯以 87 积分、72 个进球称霸意甲联赛。

我知道比赛远不止这些数据，但不难看出，这种差距出自里奥·梅西和 C 罗。更准确地说，是源自两人的较量。在这一赛季，C 罗以 48 个进球位居射手榜之首（其中有 10 个点球），而梅西贡献了 43 个进球（其中有 5 个点球）。

这些数据都来自足球的官方文章，虽然客观乏味，但往往具有启发性。所以如果我频繁引用 2014—2015 赛季的数据，还请读者们见谅。在这个赛季中，巴萨是传球次数最多的球队（22114 次），皇马位居第二（17684 次）。从球员个人传球数据上来看，梅西居罗伯托·特拉索拉斯和托尼·克罗斯之后，位列第三，而他个人以 18 次助攻位居助攻榜榜首，C 罗有 16 次助攻。

一般是指西班牙
的一种受人喜爱
的甜品。在当地，
美凌格是球迷对
皇家马德里的
昵称。

梅·韦斯特
（1893—1980），
出生于纽约，
著名演员、编
剧、歌手、剧
作家，有"银
幕妖女"之称。

过去几年里，西甲联赛一直是梅西与C罗的较量，至于巴塞罗那与皇家马德里的抗衡则更是如此。2010年到2013年间，何塞·穆里尼奥执掌**美凌格**，以其粗鲁反叛的风格将这种较量延伸到了替补席——两个赛季面对佩普·瓜迪奥拉和蒂托·比拉诺瓦，后来由比拉诺瓦一人迎战。回顾那些年，我想起了那些唇枪舌剑和令人不快的氛围，起因都是些有悖体育精神的动作和罪状——穆里尼奥用手指戳蒂托的眼睛，佩佩在对阵巴萨时采用嗜血战术。但比赛的质量很高，任何失误都要付出高昂的代价。正因为这样，才有了那些积分100的赛季，梅西才能凭借一年50个进球拿到最佳射手奖。50个进球！真是了不起！

从一个"巴萨人"的角度来看，瓜迪奥拉和蒂托·比拉诺瓦是良好品行的典范，代表了足球理想，按周计算，他们激怒穆里尼奥的次数好像更多。瓜迪奥拉从来不会对裁判的判罚提出异议，而穆里尼奥常常批评裁判的判罚，特别是在对阵巴萨的时候。皇马球迷为他辩护，他们说生活是一项冒险的事业，流氓总比英雄更有趣，正如**梅·韦斯特**所说："好女孩上天堂，坏女孩走四方。"他们喜欢反英雄式的人物，他们为战胜不公的世界感到无比自豪，这是他们引以为豪的马德里血统的体现。他们没有注意到自己，一夜之间产生了受害者心理，需要通过与竞争对手的比较才能凸显其特别之处。体育媒体将这种心态简称为"巴萨病"。

回顾往昔，作为事后诸葛亮，我注意到两个细节：一是克里斯蒂亚诺·罗纳尔多的确在穆里尼奥手下有所成长，后者激发了他的求胜欲，也助长了他的任性；二是克里斯蒂亚诺·罗纳尔多来到皇马，解救了梅西。

外界不断将两人进行对比，刺激两人竞争。尽管里奥·梅西比这位葡萄牙球员小两岁，但早已是杰出的球员。总之，梅西永远都是梅西。他本来就能破门得分，打破纪录，赢得金靴和金球奖。与此同时，因为梅西，C罗才变得更强。这是两人最大的区别。

这场较量中的一个重要指标是金球奖。梅西曾6次获得金球奖，而罗纳尔多获得了5次。罗纳尔多33岁，竞技水平逐渐下滑，不大可能再拿一座金球奖。2018年夏天，他转会到都灵的尤文图斯，在这样一个速度不快、对抗较弱的意大利一流俱乐部，C罗可以加快向禁区前锋的身份转换，减少跑动，更好地以自我为中心。

"老妇人"是尤文图斯俱乐部的外号。

此外，他肯定会从**"老妇人"**这种俱乐部周身散发出的魅力和意大利香艳时髦的上流社会中获益。其他数据方面，梅西 6 次获得"世界足球先生"的称号，C 罗 5 次；梅西 3 次获得欧洲足联欧洲最佳球员，C 罗获得 4 次；梅西获得 6 次欧洲金靴，C 罗 4 次；梅西在巴萨获得 4 次欧冠冠军，C 罗 5 次（**在皇马获得 4 次，曼联 1 次**）。

数据截至 2019 年 12 月。

C 罗未来最大的看点之一是他如何管理职业生涯的最后几年，至于退役就更不必说了。他会成为足球场上的**葛洛丽亚·斯旺森**，永远渴望站在聚光灯下，不接受皱纹，还是会参照大卫·贝克汉姆的职业生涯，将舞台看成从更衣室到球员通道的延伸？没有人能否认克里斯蒂亚诺·罗纳尔多作为足球运动员的杰出素质——他的能力、专注、坚毅和努力——用不了几年，他就能在其他领域里走向巅峰。但在足球领域，他虽然立于高峰，却始终在梅西两三步之下，并且还等着被内马尔、姆巴佩、哈泽德、库蒂尼奥、博格巴、德布鲁内、萨拉赫和凯恩等后起之秀取代。

葛洛丽亚·斯旺森（1897—1983），出生于美国芝加哥，无声电影时期的著名女演员。

他的另一个看点是自己将在人们的足球记忆中留

下怎样的形象。他的进球是供私人回忆的个人表演和自拍。我们见过他在没能传球的时候大发脾气，或在输掉比赛后抱怨队友不够投入，或庆祝自己的进球，好像足球是单人运动或"饥饿游戏"一类的求生运动。他的个性正是以这类个人挑战为乐——肌肉、歇斯底里的吼叫和焦虑的眼泪。

梅西总是遵循球队的理念，他是这个优秀集体的一员——照片中总是同时出现他和其他锋线球员的身影，无论是罗纳尔迪尼奥、亨利、苏亚雷斯还是内马尔。现任曼城主教练瓜迪奥拉曾评价："克里斯蒂亚诺·罗纳尔多是一名出色的前锋，他的射门给对手带来威胁。梅西是一名可靠的球员，他总能在关键时刻创造杀机，是非常值得信任的核心球员。"前阿森纳主教练、法国名帅温格在接受采访时评价："我觉得C罗是一个超级运动员，而梅西更像是一个足球艺术家。艺术家往往会创造一些你鲜见的东西，甚至你根本就想象不到的。"温格解释，其实现代足球正在追求C罗的方向，但不应丢掉梅西那样的创造力。

总之，虽然我不喜欢预言，更不做足球方面的预言，但我还是要直言不讳地说：在遥远的未来，在克里斯蒂亚诺·罗纳尔多退役多年以后，梅西还会继续突破自己，继续进球。

让我们期待巴萨的未来。

罗纳尔多·路易斯·纳扎里奥·达·利马，中国球迷习惯称之为"大罗""外星人""现象"。

罗纳尔多曾经表示："在梅西和克里斯蒂亚诺·罗纳尔多之间，我会选择梅西，因为我认为他更出色。"有的球迷认为："每次国家德比中，梅西都是代表性球员，他才是足球领域里受众人爱戴的国王。"也有的球迷认为："按球队作用来说，主要得分手非C罗莫属，而梅西可能更多的是助攻手。"

十年间，"梅罗争霸"在不断激烈地上演。梅西是西甲之王，C罗是欧冠之王。他们孰强孰弱，一直是热议话题。一般来说，媒体和名人多看好梅西，他们认为梅西是新一代球王；而球迷更喜爱C罗，他们认为C罗擅长打硬仗，能力更强。那么，到底谁更胜一筹呢？

梅西在场上是右边锋、中锋、二前锋，是巴萨的主要组织者和进攻者。"梅罗争霸"中，盘带过人是梅西的绝对优势，他以高速的步频以及灵活的技巧，在场上连过几人，几乎每场比赛都能看到属于他的高光时刻。梅西性格低调，始终展现出温文尔雅的阳光男孩形象。他潜心于每场比赛，心无旁骛，很少受到其他因素的干扰。梅西无重大伤病，他代表巴萨，活跃在各项赛事中，但他身体素质不强，比较容易受伤。

C罗在场上是左边锋、中锋、右边锋。他先后为四家俱乐部效力，目前在尤文图斯。C罗有端正的职业态度和强烈的求胜欲，他将效率和风格完美融合。"梅罗争霸"中，身体、跑位、无球能力和速度快是C罗的绝对强项。C罗身高1.85米，拥有完美的身材，是电梯球的专家，擅长头球进门，无球能力强，多次带领球队取得胜利；C罗速度过人，假动作逼真。在葡萄牙和阿根廷的一场友谊赛中，有一个C罗和梅西冲刺的对决。当时，C罗的冲刺速度明显更快，最终抢到球。在足坛一线球星中，似乎只有速度如飞的贝尔，可以胜过C罗。此外，C罗的传球能力也不错，他经常出现在西甲、英超助攻榜上，但他背身拿球的能力略有逊色。

2021年2月，IFFHS（国际足球历史和统计联合会）

统计了俱乐部历史射手榜，前十名按照顺序分别是罗马里奥、贝利、C罗、比坎、梅西、普斯卡什、琼斯、班布里克、尤西比奥和穆勒。俱乐部进球历史第一人罗马里奥有689个进球，而第一任球王贝利有684个进球。现役除了梅西和C罗只有伊布排在前15位，C罗领先梅西10球。在这次统计发布之前，还有一项属于梅西的纪录，就是2020—2021赛季西甲联赛，巴萨客场以3：0击败巴拉多利德。梅西收获巴萨生涯第644球，超越了贝利为单一俱乐部的进球纪录。梅西将自己打进644球所着的战靴捐赠给了加泰罗尼亚国家艺术博物馆进行拍卖，将拍卖所得捐赠给西班牙瓦勒德希伯伦医院，用于患病儿童的治疗资金。

尽管C罗的俱乐部进球数据有可能会被梅西超越，但他在国家队进球数够多。2021年3月，德国转会市场盘点了足坛21世纪前锋进球数榜单，C罗以766球高居榜首，梅西以729球列次席。目前只有他们二人超过500球。

另外，比利时大学的教授曾与荷兰数据专家团队SciSports合作，研发出一款名为VAEP的软件，以此来评估梅西和C罗的实力。大学教授采用了2013—2014赛季至2017—2018赛季的数据，这段时间，梅西和C

罗都在西甲。通过计算后得知，梅西的场均 VAEP 得分为 1.21，C 罗的得分为 0.61。

北京时间 9 月 2 日凌晨，世预赛欧洲区预选赛小组赛第 4 轮，葡萄牙以 2-1 击败了爱尔兰，C 罗在第 89 分钟和第 95 分钟分别进球逆转绝杀。C 罗的国家队进球数量达到了 111 粒，超越了伊朗传奇球星阿里 - 代伊的 109 球成为了职业足球史上国家队进球数量最多的球员。一个多月后，葡萄牙队又 5 比 0 大胜卢森堡队，C 罗完成了自己国家队生涯的第 10 个帽子戏法，他也因此成为了世界上第一个在国家队帽子戏法"上双"的球员，这是 C 罗职业生涯中的第 58 个帽子戏法，创造了世界足坛一项新的纪录，距离世预赛历史进球纪录也越来越近。

2011 年 2 月 10 日，阿根廷和葡萄牙在日内瓦球场进行了一场国际足球友谊赛。图为梅西与 C 罗的合影

图片来源: Fanny Schertzer

献 *06*
祭

"梅西是独一无二的球员，看他踢球就像玩游戏机一样，你只要把球传给他，他就开始突破"。

传说阿兹特克人和玛雅人都有活人献祭的习俗。

随着时光的流转，传奇会被放大，并将笼罩在一种神秘的氛围中。事实逐渐与虚构交织在一起。有人说，1965年，巴塞罗那半个城的人都去了纪念斗牛场听披头士乐队的音乐会。即使今天"梅西神话"已如天外飞仙，他的数据超乎寻常，但我们依然无法想象五十年后人们会如何铭记这位史上最佳球员——在此期间不大可能再出现类似的人物。如果某天有人宣称梅西其实是**阿兹特克人或玛雅人**，哪怕说他是前哥伦布时期的神明，为了继续留在巴萨踢球而连年征收供品——每个赛季末都要用一名前锋献祭——我也丝毫不会惊讶。

　　我不知道萦绕在脑海中的形象来自《丁丁历险记之太阳神的囚徒》还是**埃尔南·科尔特斯**的信，抑或梅尔·吉布森的电影《启示录》。不管怎样，依我之见，这种"献祭"只是一个隐喻，如墨西哥作家胡安·比略罗所说，是对足球之神的供奉。但随着时间的推移，献祭者的名单将变得越来越长。

埃尔南·科尔特斯（1485—1547），大航海时代西班牙航海家、军事家、探险家，阿兹特克帝国的征服者。

　　2008 年夏天，佩普·瓜迪奥拉替代弗兰克·里杰卡尔德，成为巴萨主教练，他认为球队中两大明星——罗纳尔迪尼奥和德科——应该换个环境。罗纳尔迪尼奥（小罗）从 2003 年到 2008 年效力于巴萨。2003 年，他以 2700 万欧元转会费加盟巴萨，在第一个赛季就帮助巴萨连续 17 场联赛获得了联赛亚军，也取得了欧洲冠军联赛的机会。小罗被评选为 2004 和 2005 连续两年的"世界足球先生"，并获得了 2005 年的金球奖。2006 年，在漫长的欧洲赛程后，他的体能下滑。进入 2007—2008 赛季，加上在场外不自律的生活，他仅仅代表巴萨在各项赛事中出场 26 次，进球 9 个。2004 年 10 月，梅西凭借在巴萨 B 队的出色表现，被提拔到了巴萨一线队。为了配合小罗，梅西换成了右边锋位置，他精湛的内收射门包抄能力获得了肯定。

小罗在采访中曾说："我离开巴萨，和梅西没有关系。我和梅西以及梅西的家人关系都很好。我一直都希望帮助梅西赢得更大的影响力，就像大罗当初帮助我那样。"2018 年 1 月，小罗宣布退役。

本来埃托奥也要和他们一同转会，但他一直留到了下个赛季。他是喀麦隆足球运动员，2004—2009 年效力于巴萨，2003—2005年，连续 3 年获得"非洲足球先生"的称号。2005 年，在埃托奥和小罗的带领下，巴萨获得了西甲联赛冠军；2006 年，巴萨获得了欧冠冠军，当时正是巴萨梦二王朝的巅峰时期。梦二王朝的核心球员是罗纳尔迪尼奥、德科和埃托奥，他们的组合让巴萨在欧洲赛场上所向披靡。埃托奥在效力巴萨的 5 个赛季期间，总进球数超过100 个，是西甲进球最多的非洲球员。2009 年，他助力巴萨夺得西甲联赛、国王杯和欧洲冠军联赛三冠王。这个赛季巴萨迎来了三连冠，埃托奥打入 36 个进球，战绩斐然，并在罗马举行的欧冠决赛中贡献了进球，帮助球队以 2 ：0 击败曼联队。但到了下个赛季，俱乐部将他交换到国际米兰，他在锋线上的位置被伊布拉西莫维奇取代。埃托奥因此成为第一个失去与里奥·梅西并肩作战机会的前锋。

接下来的几个月里，站在"小不点儿"梅西身边的是高大的伊布。瓜迪奥拉想要引进个子高的球员，伊布拉西莫维奇身高 1.95 米，而且头球技术很好。2009 年，伊布以约 7000 万欧元身价加入巴萨，在当时是巴萨有史以来最昂贵的转会。2009—2010 赛季初期，伊布几乎在每场比赛中都有进球。他在巴萨的首秀赛季，打进了 22 球，贡献 15 次助攻。在接受采访时，伊布指出，"梅西是独一无二的球员，看他踢球就像玩游戏机一样，你只要把球传给他，他就开始突破"。2010 年夏天，他被租借到 AC 米兰，之后再也没有回来。不过，这次失败对瓜迪奥拉几乎没有造成损失，在伊布看来，瓜迪奥拉已然是一个"哲学家"。几年后，有人让伊布选出最佳十一人阵容，他将自己安排在梅西身边，然后笑着说："梅西是个天才，而我是神。"

2010 年，和伊布拉西莫维奇一同离开的还有另一位锋线球员——蒂埃里·亨利。他的球风轻快又华丽，犹如禁区内的**尼金斯基**。他与梅西很合得来，但他年龄大了，无法承受欧洲的比赛压力，最后远赴美国。从那以后，每年季前赛时期都可以看作是身披 10 号球衣的球员向前哥伦布时期之神献祭的时候。接下来依次是博扬·科尔基奇（2011）、大卫·比利亚（2013）、阿莱克西斯·桑切斯（2014）、佩德罗（2015）和穆

瓦斯拉夫·尼金斯基（1889—1950），俄国著名的芭蕾舞男演员。

尼尔（2016）。此外还要再加上一些来了又走的非主力球员的名字，比如杰弗伦、阿弗莱、昆卡、特略、桑德罗和德乌洛费乌，一般都是年轻的本土球员，租借给其他俱乐部，回来后用不了几个月又会离开，好像他们的任务只是满足梅西的仪式需要。

但是，为什么离开的前锋越来越多？是与梅西并肩作战太困难，还是要求太高？我认为情况恰恰相反——梅西为队友提供大量助攻，和他一起踢球非常轻松。但他也要坚持扮演主角，这个角色未必能与所有人兼容。和谐的人际关系当然很重要，但如果认为梅西只会搞好关系，只能和朋友才踢得好——就像现在和路易斯·苏亚雷斯的情况一样——那就错了。比如多年以来的达尼·阿尔维斯以及最近的约尔迪·阿尔巴，球场上的联系总让我们以为这些球员一定会因为感激而成为朋友。但事实上，球员的私生活并没有球迷们想象的那么复杂。

在《加泰罗尼亚日报》的一篇文章中，埃米利奥·佩雷斯·德罗扎斯回忆，2011 年 8 月，当智利人阿莱克西斯·桑切斯来到巴萨，他表达了对时任体育总监安东尼·苏比萨雷塔的感激之情，感谢他让自己加入"唯一能让我夺得金靴奖和金球奖的俱乐部"。阿莱克西斯当时 22 岁，比梅西小一岁，已在意大利联赛和南非世界杯上崭露头角，但还没有获过任何奖项。苏比萨雷塔回应道——我想他的语气应该是睿智而冷静的，不会激怒任何人——"听着，阿莱克西斯，'小不点儿'还在，所以你要拿金球奖会非常困难，更不用说金靴奖了"。阿莱克西斯效力了三个赛季，而后离开巴萨前往英国，希望得到更多的进球机会和关注，但他至今仍然没有拿到金球奖。

或许我们应该将2017—2018赛季的"献祭"看作自我牺牲。即使在最血腥的漫画或吉尔莫·德尔·托罗的恐怖电影里，也很难想象出里奥·梅西会为内马尔的离开而感到欣喜。正因为签了路易斯·苏亚雷斯和内马尔，在过去的四个赛季里，我们才看到了非常精彩高效的"三叉戟组合"。2014—2015赛季，"MSN组合"总共打入122球，并带领巴萨成为史上第一支两夺三冠王的球队。内马尔很可能已经吸取了教训，2017年8月，他坐上价值数百万的飞机前往巴黎圣日尔曼，希望成为另一个需要他人献祭的神。2.2亿欧元的转会费打破了世界纪录。有意思的是，内马尔离开后，每隔一段时间，总会传言内马尔要重回诺坎普。前巴西球星托斯塔奥曾冷静地说："在巴萨，内马尔在梅西身边学到了很多东西。"而内马尔也在一段采访中激动地说："梅西对我来说是一个非常特别的人，在我最需要支持的时候，他帮助了我。"

至于巴萨的锋线——来自法国的20岁小将奥斯曼·登贝莱——取代了巴西人的位置。他体形较瘦，神情紧张，脚下速度极快。

他以高价签约球队，需要耐心对待，目前他的队友、教练埃内斯
托·巴尔韦德以及巴萨的球迷都给予了他足够的耐心。假以时日，
我们就能看出他会成为三叉戟上的第三根刺，还是说和其他人一样
登上祭坛。

07

前人与来者

梅西就像一个商业代表，向你展示他
在随后的比赛中将要售卖的商品目录，
其中不乏一些高光时刻。

迭戈·阿曼多·马拉多纳是个独一无二
的人物，他游离在体育和表演之间，
能把赛前热身变成娱乐节目。他在阿根廷国家队
或那不勒斯的热身表演中时不时会糅合马戏和有
氧运动的动作。"小卷毛"（El Pelusa）马拉多纳
会随着体育场扩音器里传出的音乐节奏表演——
你可以找到这段视频，背景音乐是欧普斯那首朗
朗上口的《活着即生活》（Live is Life）——连鞋
带都没系好就带着球舞动起来，用双腿、脑袋和
肩膀颠球。同时，他的双眼注视着看台，甚至还
曾要求观众合着拍子拍手。我不知道这种方式能
否有效地热身，但我可以肯定它会吸引观众提前
进入球场。

　　每次去诺坎普球场观看巴萨的比赛，我都会提前进场，这样就不会错过球员们的热身活动。这是黄金时代里梅西和队友们的另一优良品质。除了比赛，我对他们在九十分钟前后发生的一切都很感兴趣——他们怎么制定传球战术，怎么在抢圈游戏中互开玩笑，怎么拉伸身体。和训练时一样，在热身活动中，你也会看到精彩的进球，如果这是发生在比赛中的破门得分，肯定会被载入史册，但在开球前的准备阶段，只有少数热情的球迷会庆祝这样的进球。

　　梅西就像一个商业代表，向你展示他在随后的比赛中将要售卖的商品目录，其中不乏一些高光时刻。例如有一天下午，我在诺坎普球场看到梅西和阿尔维斯互相传球，一个站在角球区附近，另一个站在中线附近，相距三四十米远。一个用脚开球，另一个用胸部停球，控球后颠几下，然后将球踢回去；队友接球后尝试让球不要触地，然后再做同样的动作。这个互相传球的练习持续了很长时间，大概有十一二次，场边的球迷逐渐被吸引，入神地看着两人。坐在我旁边的一个球迷见我像个新手似的一脸惊叹，于是以对此司空见惯的资深俱乐部会员所惯有的沉着腔调评论道："怎么了？他们每个星期都这么练。"

　　比赛的任何一个方面都值得关注，我认为电视转播应该充分发挥这方面的作用，在隐私允许的范围内展示赛前和赛后的情况。我不是说要拍摄更衣室内部，但如果比赛结束后不是直接插入广告，而是在最后时刻多停留一会儿，效果会更好。我喜欢看球员的反应——大汗淋漓、筋疲力尽、陷入沉思、欢欣鼓舞或垂头丧气；也喜欢看他们一边互相庆祝一边走回更衣室。比如，我会想看看他们跟谁交换球衣。当对手走到梅西身边，向他提出这个请求的时候（在上半场结束时有一次机会，终场哨声响起时还有一次），其他球员脸上都流露出钦佩的神情。决赛结束后，我们不是都会看完整的颁奖仪式吗？无论输赢，大家都会等待颁奖，然后是庆祝活动。那么我希望每场比赛后都能有这个环节，哪怕只有五分钟。你可以说我是个呆瓜，但我认为这一段空置的时间——更不用说中场休息时在更衣室里的十五分钟——包含了很多有关比赛本身的信息，它们是脚注、结束语和致谢词。文学理论家称之为"副文本"，即对比赛主要内容的补充，就像赛后主教练召开的新闻发布会和球员发言一样。

从某种程度上来说，我觉得所有的球迷都是"偷窥狂"，都想窥探一下偶像的赛后生活，哪怕只有十分钟。现在的体育报道已与过去大不相同，专业程度提升了，但我记得小时候，体育记者会让我们更接近球员。例如在季前赛阶段，体育媒体会报道每一天的训练日程，那时他们常在荷兰训练。媒体会告诉我们球员如何分配双人卧室，空闲时间里干些什么，午餐吃了什么（我还让母亲给我做了同样的午餐）。

不得不说，如今的社交媒体，特别是 Twitter 和 Instagram，就像一扇窗，让我们可以随时了解球员的生活，但它们似乎都经过了精心的策划和调整。

就拿私生活来说，本章以马拉多纳开头，那就以他来结尾吧。1982 年的一天，那是他在巴萨的第一个赛季，球队主场迎战希洪竞技队（1∶1）。我通过收音机收听了这场比赛，好像是华金·玛丽亚·普亚尔在巴塞罗那电台进行解说，显然马拉多纳和球队奉献了一场毫无生趣的比赛。我不仅对输掉一分感到气愤（取胜得 2 分，而平局只能得 1 分），也对球员感到不满。出于一个小镇孩子的天真心理，我决定给马拉多纳打电话，让他振作起来。我先打电话到电话号码查询台，询问迭戈·阿曼多·马拉多纳的电话号码。接线员好像一点儿都不惊讶，他让我等了几秒钟，然后竟然给了我马拉多纳的电话号码。我将号码草草地记在一张碎纸片上，然后手握电话静静地坐着，最后鼓起勇气，拨通了这个七位数的号码。有人在另一端接起了电话。于是发生了如下对话——

"喂？"一个女孩用阿根廷口音的西班牙语接了电话。她很年轻，我想她一定是马拉多纳的女朋友克劳迪娅。

"你好，迭戈在吗？"（瞧我这亲近的口气！）

"你是哪位？"

"嗯……一个朋友。我是说，我是个球迷，巴萨的球迷。"

"啊，是这样。迭戈现在不在。他还没回来。"

"好吧。请转告他我会一直支持他，他是最棒的，我相信我们能赢得联赛冠军。"

"啊，谢谢！"说完她挂断了电话。

长久以来，我都认为她的感谢是发自内心的，而且当时迭戈还没回来——我想是还没从诺坎普球场回家。我从没怀疑过那一晚我通过电话线联系到了马拉多纳的家。我从没对同学讲过这件事，他们肯定不会相信。

2020 年 2 月 15 日，西甲联赛第 24 轮，巴萨主场迎战赫塔菲。赛前，巴萨举行了支持中国抗击新冠肺炎疫情的仪式，梅西等巴萨球员带领球童们走进赛场，小球童们身穿印有中文"中国加油"以及英文"Stronger Together"字样的 T 恤。赛场中央还写着标语，用中文写有"同心战疫，命运与共"。巴萨希望通过这些形式，表示对中国的支持与鼓励。

2020 年 7 月 9 日，2019—2020 赛季西甲联赛第 35 轮，巴萨主场迎战西班牙人，上半场双方比分为 0：0，下半场比赛，巴萨配合默契，由苏亚雷斯最后一击，巴萨以 1：0 获胜。西班牙人队遗憾地成为西甲本赛季第一支降级的队伍。当比赛结束的哨声响起时，梅西并没有在第一时间和队友庆祝，而是走到西班牙人队主帅鲁菲特身边，用言语和拥抱安慰他。在梅西看来，在比赛结束后的第一时间，对老牌西班牙人队降级的安慰更为重要，这才是足球精神的体现。

有球迷说："喜欢巴萨，不仅因为巴萨是一支永远充满激情斗志的球队，队员的实力和影响力都很强大，也因为巴萨在赛场外带给人们的精神和信仰。"巴萨的口号是"不仅是一家俱乐部"，简单的几个字代表了俱乐部的价值观。这句口号从1968年诞生至今，已经过去50多年，已经在全世界巴萨球迷中达成共识。

08

点球之痛

"我们刚才看到的完全是莎士比亚的作品！但莎士比亚写错了，不是《李尔王》，应该是《里奥王》！"

有一个会员制俱乐部——也可能是一个秘密社团——只接纳曾将梅西的点球扑出的守门员。我猜他们每年都会在贝尼多姆市一家僻静的酒店里聚会一次，比如说欢迎新成员加入俱乐部——梅西每个赛季都会罚丢几个点球——然后交换有关这个阿根廷人的最新动向——他现在是否经常罚左侧？如何应对 paradinha（助跑后在射门前停顿一下）？有什么咒语能让他在射门前心烦意乱？西班牙人迭戈·洛佩斯应该担任这个俱乐部的主席，他是唯一一个两度扑出梅西点球的守门员，而且都是在西班牙国王杯的比赛中。一次是 2008 年 1 月，他任比利亚雷亚尔队的守门员；另一次是十年之后的 2018 年 1 月，他效力于西班牙人队。副主席应该由鲁文担任，他也是西班牙人，效力于皇家拉科鲁尼亚俱乐部，梅西曾在他的球门前罚丢了两个点球：第一个被他扑出，第二个——用常见的比喻来说就是——被梅西轰向云霄。

点球确实是梅西的软肋，但我们不必过分担心，因为这个弱点自有它的道理。事实上，梅西的点球命中率只略低于其他球员，我们之所以感到震惊，只是因为不习惯，我们总希望他每一次射门都能命中。目前为止（截至 2018 赛季结束），梅西在巴萨和国家队中主罚了 99 个点球，罚丢 23 个，接近 1/3。对此有两种可能的解释：一是身体原因，二是心理原因以及对创新的追求。

身体原因很明显。《先锋报》的一项研究显示，在成功扑出梅西点球的守门员中，有一半人身高在 1.90 米以上。在身高 1.70 米左右的梅西眼中，这些守门员如同巨人一般，他们张开双臂，既能向前扑又能腾空跃起，封住两根立柱之间的球门是很轻松的。但那是一种视觉幻象，**每个歌利亚都会遇到他的大卫**。而且

歌利亚是传说中的巨人，圣经记载，他拥有无穷的力量，最后被牧童大卫用投石弹弓打中脑袋并割下首级。

梅西常常将球踢到令人意想不到的地方。回顾他罚丢的点球，我们会发现，即使球没有罚进，他也称得上足智多谋——他在左右两侧均罚丢过点球；射门时力道不足或用力过猛；守门员预判到他的方向；他在准备射门的时候脚下一滑；球击中门柱；还有三次球从守门员手中弹出被他重新拿回，最后破门得分。

心理原因更易理解。梅西之所以失手，是因为罚点球过于简单。好吧，这就是你们想听的，我说出来了！凭直觉不难想到，踢点球缺乏挑战性，守门员毫无防备，甚至连点球的程序化过程都有悖他的意志，踢任意球时至少还有一堵人墙。此外，点球也是一个思考的时机。选择太多，备选方案也太多。在裁判指示点球位置和梅西放球、面对守门员、准备射门之间有一段漫长的停顿，这段停顿肯定令人煎熬，他的脑海中萦绕着许多想法。我的意思是，他是一名足球运动员，习惯于在十分之一秒的时间内做出决定，也就是说几乎完全依靠直觉进行判断。

多年前，马拉多纳结束了在欧洲的征战重返阿根廷联赛，在一场又一场的比赛中，他连续罚丢了5个点球，压力肯定不小。

虽然主罚点球的都是球队的核心人物（也是提高进球数的一种方式），但梅西还是会时不时地将这种荣誉让给他的队友。这是一种利他主义，同时也将他自己从踢点球的尴尬抉择中解放出来。我们已经见过他将点球让给路易斯·苏亚雷斯、内马尔，还有前文说过，在对阵萨拉戈萨的比赛中将点球让给伊布拉西莫维奇。

到目前为止，梅西罚丢的最令人心痛，也是代价最大的点球，发生在 2016 年 6 月阿根廷对阵智利的美洲杯决赛上。双方在比赛和加时赛阶段都没有进球，进入点球大战。梅西为他的球队主罚第一个点球。几秒钟前，阿图罗·比达尔罚丢了智利队的第一个点球，现在梅西有望将阿根廷队带上胜利之路。然而我们看到的是另一幅常见的画面——梅西将球踢上了高空。后来智利门将布拉沃又扑出了比格利亚的点球，智利队最终夺得冠军，这也是其第二次在决赛的点球大战中战胜阿根廷队——在 2015 年的美洲杯决赛，也是点球大战，智利队以 4 ∶ 1 击败阿根廷队，首次成功地举起了球队有史以来的第一座美洲杯。

此外，梅西一定是少数几个自愿罚丢点球的球员之一，那次失球，肯定也是他最甜蜜的一次失球。2016 年 2 月 14 日，情人节这一天，在对阵比戈塞尔塔的比赛中，巴萨以 3 ∶ 1 领先，梅西为全世界的球迷踢出了一个著名的点球——我刚刚在 YouTube 上重温了这一幕。射门之前，梅西和队友迅速交换了一下眼神。他走向足球，没有选择大力射门，而是出人意料地将球轻轻拨到右侧，显然是要传给内马尔，但苏亚雷斯率先插上破门得分。全球的解说员都难以置信地揉揉眼睛，他们说仿佛看到了火星人。这是一个抽象派点球，一个"元点球"。杰出的解说员雷·哈德逊惊叫道："我们刚才看到的完全是莎士比亚的作品！但莎士比亚写错了，不是《李尔王》，应该是《里奥王》！"

梅西就是如此优秀，他时常会从足球历史中找寻经典并重现那神话般的打法。这一幕让我们回想起曾效力于阿贾克斯队的约翰·克鲁伊夫在 1982 年 12 月所创造的点球。原始版本是克鲁伊夫将球传到左路，队友再回敲给他，克鲁伊夫本人破门得分。梅西的这个点球肯定是在致敬克鲁伊夫——前一天，克鲁伊夫在个人网站上确认他正在与肺癌做斗争，当时他暂时领先；几个星期之后的 3 月 24 日，克鲁伊夫逝世。但我相信，梅西的点球曾为他增添了些许生命力。

　　2020—2021 赛季欧冠，巴萨对巴黎圣日耳曼第二回合比赛，梅西的点球被纳瓦斯横身用腿部挡出。赛后 BT 体育认为：梅西罚丢的点球本该重罚，因为在他触球前，维拉蒂已经进入了禁区弧，随后他又完成了解围。有人做了统计，梅西在欧冠已经罚丢了 4 个点球，和阿圭罗、范尼并列第二，比亨利少罚丢 1 个。职业生涯至今，梅西在俱乐部和国家队一共罚了 131 个点球。非点球大战中罚中 98 个，罚丢 28 个；点球大战中罚中 4 个，罚丢 1 个。梅西总共罚中 102 个点球，命中率 77.86%。

　　北京时间 2020 年 10 月 29 日，欧冠小组赛中，巴萨以 2∶0 完胜尤文图斯。第 90 分钟，巴萨获得点球机会，梅西主罚命中，这也是梅西职业生涯中主罚的第 100 个点球。回顾梅西在巴萨主罚的点球，他的首次点球要追溯到 2007—2008 赛季，巴萨对战塞维利亚的比赛，梅西主罚点球命中。

　　回顾足球名将的点球数据和技巧，大罗将速度和技术完美结合，不管是在国际米兰还是巴西，他都是固定的点球手。在他的职业生涯中，总共踢进了44个点球，罚丢了4个，命中率达到了91.67%；从2009—2010赛季以来，C罗在所有比赛中主罚点球的次数为107次，点球进球数93个，数据高于同期的其他球员。

梅西提供了一种球员形象，他的每一个
动作既爆发出千变万化的色彩，又浓缩
了足球的精髓。

文学与足球极少有共通之处，但有一项
艰巨的任务可以将二者联系起来，那
就是准确预测有望影响后世的作家和球员。浏览
一下预示新人诞生的诗集或发掘出下一个纳博科
夫、罗多雷达或波拉尼奥的文章，通常再过十年，
这股热情就会被现实浇灭。同样的事也发生在足
球分析师和球探身上——他们每个星期都能发现
下一个克鲁伊夫或马拉多纳。我敢肯定，现在巴
萨青年队里就有父母认为他们的儿子会成为下一
个哈维、普约尔或巴尔德斯。我要补充一点，至
少到目前为止，我尚未听说有人真的发现了"下
一个梅西"，这可能是因为梅西过于优秀，因此不
管说谁踢得像他一样好都显得十分荒谬。总之，

我们要记住毕加索的一句俏皮话："效仿我的人有福了，因为他们会延续我的错误。"

我们知道，大多数文学评论家和足球分析师都是通过理论上的评论树立客观视角，很少身体力行地参与相关领域的实践——参加一方穿上衣、一方光膀子的临时球赛，或偶尔为朋友的退休写一首小诗，这些都不能算实践。但不时也有杰出的智者根据个人经验大胆预测，并且预言成真。比如伟大的埃莱尼奥·埃雷拉。他的绰号是"魔术师"，事实上，他是更衣室里的心理学家，也是现代足球界具有远见卓识的人物之一。1979 年，19 岁的马拉多纳开始在阿根廷青年人队中崭露头角，但他还没有获得过任何荣誉，埃莱尼奥·埃雷拉在接受《体育画报》的采访时被问到未来足球运动员将是什么样，他回答说："21 世纪的足球运动员将是马拉多纳那样的——矮小但健壮，拥有计算机和马拉多纳所具备的魔力。"他不会知道，自己所说的正是梅西。

5 年后的 1984 年，作家伊塔洛·卡尔维诺在去世前写了一系列准备在哈佛大学授课的演讲稿，后以英文编纂成书出版，书名为《新千年文学备忘录》。卡尔维诺提出了五个概念——轻逸（Lightness）、迅速（Quickness）、确切（Exactitude）、易见（Visibility）、繁复（Multiplicity），他认为这五个概念将定义 21 世纪的文学艺术，艺术

家和评论家应当加以关注。令人意外的是，这五个概念也定义了里
奥·梅西。

轻逸（Lightness）

卡尔维诺向艺术家解释并要求他们具备一系列素质，而梅西凭
借最佳球员才有的直觉、意识、天赋和经验，将这些品质发扬光大。
他小时候就很轻——事实上是体重过轻，需要依靠生长激素治疗才
能达到他应有的体重。此外，随着时间的流逝，梅西取得巨大的成
功，身体上的轻逸也变成了心理上的轻逸，也可以称之为精神上的
轻逸。卡尔维诺在演讲稿中，首先将焦点放在英雄珀尔修斯身上，
"他因为穿了长有翅膀的鞋而善飞翔"，由珀尔修斯联想到了一些营
造轻盈感的作家——从试图"防止物质的沉重压垮我们"的卢克莱
修，到借普洛斯彼罗之口说出"我们就是梦幻所用的材料"的莎士
比亚。我想，当梅西脚不沾地般地晃过防守球员时，这些内容得到
了印证。

如果让我选出最能体现梅西轻逸的时刻，那一定是 2009 年 5 月
27 日在罗马对阵曼联的欧冠决赛中进球的时候。哈维从中场右路拿
球寻找传球机会。梅西突然出现在禁区边缘两个防守球员之间。他

在如此靠后的位置，说明在等待一个横传。哈维迅速反应过来，将球快速精准地传入禁区。梅西在跑动过程中突然起跳，越过防守球员（费迪南德，身高 1.89 米），在空中停悬，头槌使球越过守门员（范德萨，身高 1.97 米）飞入球网。梅西身体后仰，以便更准确地接住这个横传。要不是他如此精准的头球攻破了球门，并且这个进球发生在最贴近地面的运动中，你可能会以为梅西要像一个轻盈的氦气球那样飞上天空了。

迅速（Quickness）

在伊塔洛·卡尔维诺看来，迅速就是"物质速度与思维及感觉速度之间的关系"。但是，迅速也需要停顿的技巧，需要知道在什么时间停下来以确保速度的有效性。例如薄伽丘所著《十日谈》中有一个故事，卡尔维诺注意到"风格正确甚至也是思维和表达快速调整、随机应变的问题"。有时梅西的敏捷只是人们的错觉。他并不是速度最快的球员，也不是比赛中跑动最多的球员，但他肯定是最会调整步速实现预期效果的球员。此外，他也是脚下转换最快的球员之一，准备放球的时候，他绝不拖延，总能把球传到正确的位置。他的大脑飞速运转着，一举一动好像都是出于条件反射、本能反应，因此他很少无所事事地徘徊。比如带球的时候，如果迈一步足够，他就不会迈两步。

北京时间是 2015
年 5 月 31 日。

梅西在很多比赛中都运用了这种迅捷，但我最喜欢他在 2015 年 **5 月 30 日**对阵毕尔巴鄂竞技队的西班牙国王杯决赛中的进球，那是他的最佳进球之一。那一秒，他的掠夺天性让他嗅到了进球的机会。他停顿了一下选择进球路线，然后迅速迈开脚步变向，在一秒内晃过 3 个对手，看准空当抬脚迅速射门——万事俱备，他完成了一次奇迹般的进球。

如此精彩绝伦的进球让很多球迷将其列入"十佳球"。《每日体育报》对这个进球做了科学分析，整个过程用时 11.4 秒，梅西跑动 55 米。射门时，他准确地选择了唯一可能破门的路径。如果他再向右或向左移动 1.5 毫米，球就会被守门员挡住或者打在立柱上。

确切（Exactitude）

有了准确性，速度才能更加有效。但是，卡尔维诺强调，这是一种艺术赌博，要将赌注放在"做出敏捷、难忘的动作"和"尽可能准确的表现"上，而不是鼓励随意、漫不经心下笔的"可怕灾难"。梅西踢球的精确程度也很考验能力，在犯规、浪费时间、假摔、下作的防守和前锋的利己主义等有损足球精神的背景噪声下，这种精确成为榜样。梅西从不会在禁区内假摔，不会夸张地爆发，也不会装腔作势粉饰自己的比赛。因此，他不喜欢猜测比赛结果的教练，也不喜欢对犯规没有明确标准和助长表演行为的武断裁判。

卡尔维诺引用了保尔·瓦雷里评价埃德加·爱伦·坡的一段话，这段话也可以用来描述梅西的足球："明快的魔鬼、分析的天才、逻辑与想象力、神秘主义与明确计算的最新式、最有诱惑力组合的发明者。"

易见（Visibility）

埃莱尼奥·埃雷拉曾预测 21 世纪的足球运动员将具备计算机所拥有的魔力，这让我想到人们常说——梅西踢球就像电子游戏一样。按照 1979 年人们对计算机的认识，埃莱尼奥·埃雷拉所指的很可能是以非人的、魔术般的复杂手段处理信息的神秘能力。电子游戏迷们从梅西身上看出了一种游戏的风格，看到了仅在虚拟而非现实足球场上才有的节奏和谋略。伊塔洛·卡尔维诺将"可见性"定义为"想象不可能之事和此前未有之物的技能"。在当今时代，大量的印象强加于我们身上，将我们淹没。在罗兹洛·库巴拉或者斯坦利·马修斯先生的时代，足球运动员很少能看到自己进的球，更不用说对手的进球了。他们最多就是记住这些进球的存在，然后借助新闻报道和照片加以回忆。观众也是如此——如果你不在现场，广播解说和第二天早报上的报道和图片就是你重新想象比赛画面的主要信息来源。

但今天的情况大不相同。我们通过观看直播，从各个角度回看关键动作的慢镜头回放，同时还伴有专业的评论。第二天，我们还能在网上重温这些镜头，将它们与过去的动作进行对比分析。球员们也会做同样的事——如果你很有创意，那么你的比赛技巧往往不是空想出来的，而是通过反复观看比赛回放总结出来的。甚至在大街上或学校操场上踢球的孩子都在模仿这些动作——试着像罗纳尔迪尼奥那样运球，用丹尼尔·阿尔维斯的桑巴舞来庆祝进球，或者理一个内马尔的发型。对了，还有教练，他们企图运用自己的策略和战术预测本质上不可预知的事……

基于这个背景，卡尔维诺明确地指出，视觉想象必须有一个能赋予其意义的规则——解说员将其称为"风格"——也就是"论证与语言表达，也是具有逻辑性的"。翻译成足球语言，即创造和寻找解决方案的能力必须以具备实用性为前提。但凡有一点儿常识的人都不会在本方禁区内做逼真的假动作，也不会冒险在可以直接头球的时候做一个高难度的倒钩球（虽然这个动作更加精彩）。

直接任意球就是这种目的意识的典型例子。在巴萨和阿根廷国家队的职业生涯中，梅西共有 37 次直接任意球得分（截至 2018 年 7 月）。大部分都是打守门员的左侧，从球门左上角打入。只有两次，他尝试用了点儿小伎俩，踢出了贴地任意球，将球从人墙下送出。第一次是在阿根廷对阵乌拉圭的世界杯预选赛上，这不是唯一选择，却是最佳方案。第二次是在 2018 年 2 月 24 日，在诺坎普球场对阵升入甲级联赛的赫罗纳队的比赛中，他用同样的方式主罚任意球并得分。我们这些巴萨球迷立刻想起罗纳尔迪尼奥在鼎盛时期也这样进过一球。所以，梅西是将经典重现。现在，只要有任意球，对方的守门员就要考虑这种可能性，而组成人墙的球员们则要思忖：我该怎么做？跳还是不跳？

繁复（Multiplicity）

即使梅西不踢球，即使他不在场上，他依然在为巴萨而战。如果他缺席比赛，自然不能像在场上那样左右比赛结果，但依然能影响比赛。如果教练偶尔一次将他留在替补席上，对方球员就会用眼睛的余光瞄他，担心他某一刻会上场。从某种程度上来说，这样的威胁制约了他们的比赛：他们可能会加快比赛节奏，在梅西上场之前锁定比赛结果；也可能相反——放慢节奏，压抑进攻的欲望，以免唤醒这只野兽。如果梅西不在场上，队友们的表现也会不一样。他们有 11 个人，但感觉上就像只有 10 个人在比赛，因为 10 号无可替代。他的缺席会鞭策队友，给他们带来另一种优势。当脚下拿球的时候，队友们会找他，会希望他像变魔术那样突然出现——因为他总是在那里——但他们看不到他，他们别无选择，只能填补他留下的空缺。

这种缺席引发的存在感赋予了梅西多样性。伊塔洛·卡尔维诺提到了另一个阿根廷人——豪尔赫·路易斯·博尔赫斯——"他的作品文本只有几页，表达之经济堪称典范"。这种对故事的评价也可以用来评价拿球后的集体反应。在文章的另一处，卡尔维诺写道："与此形成对比的是，我们最喜爱的现代著作则是各种解释方法、思维模式和表现风格的繁复性汇合和碰撞的结果。"梅西提供了一种球员形象，他的每一个动作既爆发出千变万化的色彩，又浓缩了足球的精髓，他做到了比赛中必须做好的每一件事。

拉美著名的小说家、记者兼杂文家爱德华多·加莱亚诺曾梦想成为一名足球运动员。他创作了《足球往事：那些阳光与阴影下的美丽和忧伤》一书。他说："多年以来，人们一直踢着不同风格的足球，展现独特的个性，而在今天，我们比以往任何时候更有必要维持这种风格的多样性。"

如果你问球迷梅西怎么踢球，得到的答案五花八门，最准确的答案是："全面！"最早在里杰卡尔德执教期间，梅西是右翼，后来在瓜迪奥拉的手下成为"伪9号"，他尝试过各种位置，从中场到前锋，必要时还会回撤防守、救球。他是第一个能碾轧全场的前锋。他能跑遍全场、进球、助攻、组织跑动和传球。很久以前的某一天，他知道了原来自己不需要包揽球场上的一切，队友也可以传球和跑动。这种多样性给未来带来希望，因为他总能找到自己的用武之地。一年年过去，退役的时间渐渐迫近，当他在禁区内的决定性下降，他将离开禁区。但我相信，他总有办法让别人看见自己。

梅西定义"轻盈"的广告牌
照亮曼哈顿摩天大楼
图片来源：sole collector

『上帝之手』

10

梅西 1 岁的时候，父亲送给他
第一件球衣。

马拉多纳有时候才是马拉多纳，但梅西
每一天都是马拉多纳。

——圣地亚哥·塞古拉

1986 年 6 月 29 日，阿根廷队赢得墨
西哥世界杯冠军，这是他们第二次
夺冠。如果有一个狄更斯式的小说家——行事莽
撞、热衷于巧合——那么他或许会篡改时间，让
梅西正好出生在九个月后，从而使他成为这个欢
乐午后的幸福结晶。但实际上，梅西的出生时间

大约在一年后——1987 年 6 月 24 日。总之我们都知道，这个无所畏惧、骨瘦如柴的小孩在阿根廷长大，那里的人们将迭戈·阿曼多·马拉多纳视为巨星。

梅西年少时在一次采访中被问道："你的偶像是谁？"当时，稚嫩的梅西回答："马拉多纳。"迭戈·阿曼多·马拉多纳于 1960 年 10 月 30 日在阿根廷布宜诺斯艾利斯出生。1976 年到 1997 年，他一共参加了 678 场比赛，打进 345 个球。

此时（1986 年），马拉多纳正效力于那不勒斯队，是一颗远方的明星。6 月 22 日的墨西哥世界杯 1/4 决赛中，阿根廷国家队以 2：1 淘汰英格兰队。比赛的第 51 分钟，马拉多纳在争抢头球时，用手将球打进英格兰队的球门。当时，主裁判认定进球有效。他的"上帝之手"成为世界杯历史上备受争议的进球。随后，他又连过五人，打进了"世纪进球"，帮助阿根廷国家队淘汰了英格兰队。

获得世界杯冠军后的第二年，马拉多纳带领俱乐部赢得了联赛冠军和意大利杯冠军，名声大噪。很多人都已经认定他为全世界最出色的球员。1990 年，当梅西在罗萨里奥成长的时候，马拉多纳再次带领那不勒斯赢得意甲冠军，而他所在的国家队却在意大利世界杯决赛中战败。几个月后，他的药物检测首次呈阳性，被禁赛十五个月。

1992 年，马拉多纳在俱乐部经理卡洛斯·比拉尔多的劝诱下，前往西班牙塞维利亚队待了一个赛季。通过纪录片可以看到，塞维利亚的主场——桑切斯·皮兹胡安球场上，至今仍悬挂着他的画像。他留着齐肩的长发，从第一场比赛开始就担任队长。他的跑动速度下降，但能像天使一样为队友助攻，不用鼓励就能射门。赛季结束时，马拉多纳已近 33 岁，他的状态在下滑，但他知道自己还有一次参加世界杯的机会，即 1994 年美国世界杯，因此他决定再次为阿根廷而战。

当然选择权在他自己手里。最后，他选择了罗萨里奥的纽维尔老男孩队。1993 年 10 月 7 日，他首次代表球队与来自厄瓜多尔的埃梅莱克队进行了一场友谊赛，并以 1：0 战胜对手，马拉多纳贡献了一记精彩的进球。此时，他已经剪短了头发，身体状态回升。那一晚有四万观众来到体育场欢迎他，当他进球的时候，有几名观众还冲进球场内祝贺他。人群中就有 6 岁的梅西和他的父亲，不过他可能和所有同龄孩子一样感到无聊，昏昏欲睡，但他一定也为球场上的那个人着迷。此时若有一个投机取巧的小说家，一定会写梅西跳入球场拥抱这个阿根廷偶像。马拉多纳离开老男孩队后，1995年，梅西来到这里，开始他的足球生涯。梅西在谈到足球的启蒙者时，曾表示："我没有特别去崇拜过谁，但是当我开始记事的时候，那是 1993 年，马拉多纳从西班牙来到纽维尔，然后他代表阿根廷国家队打进了 1994 年美国世界杯。如果说当初有人在足球方面启发了我，那毫无疑问就是他。"

罗萨里奥是马拉多纳的福地，使他得以重返本国足坛。他避开了布宜诺斯艾利斯的高压环境，选择了这样一个拥有漫长而辉煌的足球历史的城市。球队的主要竞争对手是同城的另一强队罗萨里奥中央队。纽维尔的球迷被称为"麻风病人"，他们对这一称号深感自豪。这个难听的绰号来自 20 世纪 20 年代，当时两队要为麻风病人基金会组织一场慈善比赛。或许是出于卫生的荒唐想法，罗萨里奥中央队退赛，从那之后，对手送给他们一个绰号"恶棍"，作为回击，纽维尔的球迷就被叫作"麻风病人"。

不知道里奥·梅西去看比赛的时候有没有穿上"麻风病人"的黑红两色球衣。除了哥哥马蒂亚斯支持罗萨里奥中央队之外，梅西家所有人都是纽维尔的球迷。梅西 1 岁的时候，父亲送给他第一件球衣。你可以在吉列姆·巴拉格所著的传记《梅西》中读到这些童年细节——梅西小时候的家在以色列大街 525 号（Calle Estado de Israel，525）；他出生时，父亲豪尔赫·梅西 29 岁，母亲塞莉娅·库奇蒂尼 27 岁；他上学时老师们的名字；他 8 岁时开始更高强度的足球训练，数学和语言学也取得了进步……

结果马拉多纳与"麻风病人"们的缘分十分短暂。他只踢了五场正式比赛，一球未进。他以受伤为由离开球队，之后没有加盟任何俱乐部，而是准备重返国家队，希望参加 1994 年的美国世界杯。后来的事我们都知道，他在这届世界杯上的药检再次呈阳性。

同年 3 月 21 日，距离马拉多纳在纽维尔的最后一场比赛只过了两个月，梅西也签约了同一家俱乐部。这里是他的起点。人们难免会想象，如果当时马拉多纳留在罗萨里奥，情况会如何——或许某天他结束训练时，有人向他介绍一个出色的小不点儿，一个独一无二的球员；他可能会花二十分钟走到青年队的训练场去，为这个小男孩送去祝福。有很多种可能性，不过我有预感，假设他们当初真的相遇，我们都会蒙受损失，特别是梅西，因为我们或许永远也看不到他为巴萨效力。但这样的假设没有意义，因为我总会想象最坏的情况。

2020 年 11 月 28 日，巴萨以 4 : 0 大胜奥萨苏纳。梅西在破门后撩起球衣，露出马拉多纳在纽维尔时代的黑红两色球衣，以此向马拉多纳表示致敬。

迭戈·阿曼多·马拉多纳，1960 年 10 月 30 日生于阿根廷布宜诺斯艾利斯。1975 年 10 月，年仅 14 岁的马拉多纳代表阿根廷青年人队，完成了阿甲联赛的首秀。在为阿根廷青年人队效力的 5 年里，他参加了 166 场比赛，打入 116 球。1981 年，他转会博卡青年队，并取得人生第一个联赛锦标。

1982 年 7 月，马拉多纳加入巴萨，当时以 900 万美元转会费创造了历史纪录。1982 年 9 月 4 日，他上演了巴萨首秀，攻破了唯一进球，但是最终巴萨 1 : 2 负于瓦伦西亚。在巴萨效力的两年，马拉多纳一共出场 58 次，打进 38 球。

1983 年 9 月 24 日，在 1983—1984 赛季西甲联赛第

四轮中，巴萨迎战毕尔巴鄂竞技，最终以 4：0 击败对手。这场比赛，除了巴萨获得胜利之外，更令人难忘的是马拉多纳受伤。比赛的第 59 分钟，马拉多纳带球准备长驱直入，毕尔巴鄂的队员戈耶科切亚用腿将马拉多纳的左脚踝彻底铲断，马拉多纳的左脚踝骨骨折，脚踝外侧韧带断裂。为此，马拉多纳不得不休养 3 个月之久。在这期间，他和巴萨俱乐部主席努涅斯关系恶化。

1984 年，马拉多纳以 400 万美元加盟那不勒斯足球俱乐部。在这里，他一共参加了 259 场比赛，打进 115 球。在他的职业生涯中，那不勒斯是他名气增长最快的一站，是事业的巅峰。1987 年 5 月 10 日，由马拉多纳领衔的那不勒斯首次夺得意甲冠军，1989—1990 赛季再度夺冠。这是那不勒斯建队以来，仅获得的两座意甲联赛冠军。1988—1989 赛季，那不勒斯夺得欧洲联盟杯，1990 年夺得超级杯。

1992 年 9 月 22 日，马拉多纳转会到塞维利亚队，为期仅 1 年。至今，在马拉多纳的纪录片中，塞维利亚的主场——桑切斯·皮兹胡安球场上，仍悬挂着他的画像。

1993 年到 1994 年，马拉多纳效力于纽维尔老男孩队。他参加了 5 场正式比赛、2 场表演赛。马拉多纳离开老男孩队后，1995 年，梅西来到这里，开始他的足球生涯。

1995 年 9 月 30 日，马拉多纳的停赛处罚期满，他重新签约了博卡青年队。1997 年 10 月 25 日，博卡青年队对战河床队，比赛开始一段时间后，马拉多纳被替换下场。博卡青年队最终以 2：1 战胜河床队。

1997 年 10 月 29 日，马拉多纳正式宣布退出职业足球生涯。2001 年，他在博卡主场——糖果盒球场——举办了告别赛。比赛双方是马拉多纳领军的阿根廷国家队和多名球星组成的全明星队，后者包括法国球星坎通纳、保加利亚球星斯托奇科夫等等。最终，马拉多纳打入 2 个点球，阿根廷国家队以 6：3 获胜。比赛的尾声，马拉多纳被队友抬到肩膀上，赢得球迷的欢呼和喝彩。赛后，他发表讲话说："足球是世界上最伟大的运动，阿根廷国家队和博卡青年队拥有无数球迷，希望你们记得阿根廷国家队 10 号球衣为你们带来的欢乐。"

在这场告别赛之前，有传言称，阿根廷足协将让阿根廷国家队 10 号球衣永久退役，后来足协又否认了这项决定。2004 年，梅西加入阿根廷国家队，巧合的是，梅西也是 10 号。

2008 年 10 月，阿根廷足协决定任命马拉多纳担任阿根廷国家队主教练。马拉多纳一共率领阿根廷队踢了 24 场比赛，战绩为 18 胜 6 负，得失球为 47：17。在 2010 年南非世界杯中，马拉多纳带领的阿根廷队在小组赛中一路领先。在 1/8 对阵墨西哥队的比赛中，阿根廷队以 3：1 获胜，挺进 8 强。

马拉多纳获得的奖项不计其数。在俱乐部方面，他带领俱乐部获得了阿根廷全国甲级联赛冠军、西班牙国王杯冠军、西班牙联赛杯冠军和西班牙超级杯冠军、意大利甲级联赛冠军、意大利杯冠军、欧洲联盟杯冠军等等；国家队方面，主要成就包括 1979 年世界青年足球锦标赛冠军、1979 年国际足联 75 周年锦标赛冠军、1986 年世界杯冠军、1990 年世界杯亚军等等；个人荣誉方面，他曾多次荣获阿根廷最佳运动员、最佳射手金靴奖、南美足球先生、金球奖。

　　这些年，虽然马拉多纳的争议不断，但对于他的球技，多数人心服口服。前巴萨主教练里杰卡尔德曾说："马拉多纳是独一无二的足球运动员，他为足球而生，是足球的象征，不管他在哪里，只要球在他脚下，他就会开始表演。足球就在他的心中。他的天赋是独一无二的，不可能复制。罗纳尔迪尼奥说："我是巴西人，但崇拜马拉多纳，我把他看作最伟大的球星。"大罗说："这个世界上，我唯一崇拜的球员就是马拉多纳。"

拉玛西亚足球学校始建于1979年，培养出了梅西、哈维、伊涅斯塔这样的巨星，因而被称为足球界的"采石场"

定做的身体 11

"我的荷尔蒙沉睡不醒。"

梅西带球比无球跑得更快。

——佩普·瓜迪奥拉

如果梅西生在巴西，他肯定会成为"梅西尼奥"（Messinho），甚至"小梅西"（Messizinho），而阿根廷的记者还是喜欢叫他的绰号"小跳蚤"（La Pulga），这是他在自己的第一个俱乐部纽维尔老男孩队里的称号。2000年9月17日，13岁的梅西首次参加巴萨试训，当时他的身高还不到1.50米。2004年接受阿根廷电视台采访时，梅西本人表示，"我的荷尔蒙沉睡不醒"，即生长激素紊乱，但多亏巴塞罗那俱乐部出钱为他治疗，5 年后他长到 1.69 米，体重达到 67 公斤。3 年后，他 21 岁，身高达到 1.70 米，一直维持至今。这或许是足球运动员的理想身高，特别是对需要轻盈感的边锋或中场球员来说。这不免令人怀疑他们给梅西注射生长激素，等他长到理想身高之后就停止了注射。

时不时会有一个不知道从哪里冒出来的科学家煞费苦心地想证明我们早已知道的事实——梅西是全世界最出色的球员之一。你必须承认，数据和理论能提供更多支持。在一个由高大强壮型球员主宰的时代，梅西是生物力学的奇迹，他能充分利用自己的低重心。"露天看台"网站上曾发表过一篇文章，冒险家兼体育作家罗斯·埃奇利引用《英国运动医学杂志》中的观点，称"在体育科学领域，精英的表现可以看作是训练和基因共同作用的结果"。也就是说，先天条件与后天培养需要协调配合。像小梅西，在先天条件不利的情况下，就需要长时间的训练来弥补这一缺陷，例如他的盘带技术就得益于从小为弥补身体不足而进行的练习。埃奇利进一步说明道："跑动步幅较短、重心较低的足球运动员可以迅速减速，可以判断运动中的变化并迅速加速。"加林查就是这种情况，他是足球史上最出色的盘带高手之一，虽然双腿天生畸形，但经过长期训练，他终于克服缺陷，成为一名技术非凡的球员。

身高 1.70 米左右的梅西在盘带和控球方面占有优势，从某种程度上来说，这是因为他的身体离球更近。再举几个例子：马拉多纳身高 1.65 米，罗马里奥和扎加洛的身高都是 1.67 米，哈维身高 1.70 米，加林查身高 1.69 米，阿莱克西斯·桑切斯和佩德罗身高相同，拉希姆·斯特林和约尔迪·阿尔巴的身高都是 1.70 米，伊涅斯塔是 1.71 米。至少对西班牙联赛标准和西班牙足球风格来说，超过 1.70 米这个身高的球员都太高了。在与豪尔赫·巴尔达诺的交流中，约翰·克鲁伊夫赞扬了梅西身上的特质，他注意到，为了能判断出何时盘带、何时摆脱紧逼防守人，梅西必须要有伊涅斯塔和哈维这样能一脚出球的队友。"此外，"他说，"梅西有一个巨大的优势，因为他们的身高相同，他可以平视他们。这些细节非常重要。"

当然，身高并不是一切，你还要有能从身体上获得足够的空气动力的独特本能。运动中急停，这是梅西擅长的方式之一。通过这种方式，他能带球加速，或者比其他球员提前百分之一秒预判出防守球员的反应。向前迈步的幅度、双脚的姿势——这些常常带给他决定性的优势。他还知道如何控制移动速度，如何在运动中停顿不到半秒的时间，以决定下一步动作。他似乎能让时间停止，从而调整动作、获得优势。

在音乐界，大部分商业制作人都会追求所谓的"黄金节点"（money note）。这是对一类音符的统称，有了黄金节点，就意味着某首流行歌曲能成为国际热门歌曲。这个音符长短不一，甚至可以是一个短暂的、中断旋律流动的无声节拍。当黄金节点出现时，每个人都能铭记这一刻。无论你在什么时候听到这首歌，都会等待这个音符的出现。最著名的例子是惠特妮·休斯顿的歌曲《我将永远爱你》（*I Will Always Love You*），黄金节点出现在 3 分 8 秒之后——一个非常短暂的停顿，一声鼓声，然后歌手高唱："啊……哟……"在乔治·迈克尔的歌曲《信念》（*Faith*）中，黄金节点是一段无声的停顿。有时我看到梅西做假动作——向前移动，然后停顿（在草坪上滑步半秒钟）——我就会想到这种音乐策略：这个停顿是为了催眠对手并为自己制造机会。

梅西是西甲联赛里最有影响力的球员，不过，他不是最容易摔倒的球员，也不是防守人最重点盯防的球员。在 2016—2017 赛季，内马尔是犯规次数最多的球员（126 次），而梅西在这个排名中只排在第十位（79 次）。实际上，不管犯不犯规，都很难防住梅西。我回顾了他在一些公开比赛中的进球，有时感觉他的对手都移动到了一边，好像他们一看到梅西就害怕，或者只想看看他接下来要做什么。这显然是我的错觉。我还记得 2015 年，欧冠半决赛中，巴萨对阵拜仁慕尼黑，梅西梅开二度，在第 77 分钟和第 80 分钟连续两次破门，带领巴萨以 3∶0 获胜。不过我要说的是他面对博阿滕打入的那个进球。博阿滕是德国足球运动员，身高 1.93 米，他是拜仁慕尼黑的防线核心、德国国家队主力后卫，他的体能、对抗拦截能力都是数一数二的。在比赛的第 80 分钟，梅西在禁区外接到拉基蒂奇的传球，而后带球进入禁区，向球门冲去。博阿滕一直在盯防梅西，却在右路留出了空当，因为他知道梅西是左脚球员，右脚是梅西的弱项。梅西做出向左移动的假动作。博阿滕犹豫了一下。梅西随即变向，从右侧突破。博阿滕的身体过高过重，无法像梅西一样迅速转向，然后故意似的摔倒在地，上演了一出滑稽的闹剧。之后，梅西如入无人之境，闪过门将诺伊尔，一记巧妙的挑射将球打入。这个进球被誉为传世经典。英格兰足球运动员小雷德克纳普曾评价："对博阿滕来说，梅西的这个进球，几乎就是犯罪。"凭借这一经典破门，梅西获得了 2014—2015 赛季"最佳进球"的荣誉。在接受采访时，梅西说道："之前我也有带球越过他的经验。在这次比赛中，我想到他会侧身来挡我的左脚，所以就故意换了方向。"

有人曾说："梅西的身体是定做的。"身高的限制虽然让他的头球能力减弱了，但同时也带给他无与伦比的灵动力。他有着出色的身体平衡能力和协调性。他将球感、速度以及灵巧敏捷结合在一起，弥补了身高的劣势。他在带球的时候，重心低、动作稳、小范围内的触球频率高。对手在面对梅西时，常常有一种慢一拍的感觉。在很多进球的时刻，如果没有慢镜头回放，你可能都看不清球是如何破门而入的。他那一套行云流水般的动作，不得不令人感慨他是位足球艺术家，而不只是足球运动员。巴萨"教父"克鲁伊夫在谈到梅西时曾说："梅西还是孩子的时候，我就认识他了……梅西是个能利用身体优势的小个子球员，而有些高个子球员不知道如何防守他。除了足球水准，梅西还懂得运用自己的身体。他能创造一个时代。"据统计，梅西的带球最高速度可达 30.71 千米 / 时，即每秒 8.53 米。这个带球速度，一般人是无法超越的。我看过很多和博阿滕有同样遭遇的防守球员，这些了不起的球员不得不接受梅西的重心——他们在身体高度上也仿佛进行着一场比赛。

尽管对梅西而言，对手的犯规很难影响他的发挥，但并不是说防守球员不会尝试犯规。如果对手没有像可怜的博阿滕那样摔倒在地，就会尝试用身体来破坏梅西的稳定性，比如推他、追他、拉他的球衣，但梅西总能站起来继续向前，决不放弃。2012 年，当时居住在巴塞罗那的阿根廷作家埃尔南·卡夏里以一篇煽动性的感人美文《梅西是只狗》而声名鹊起。他在看完视频《梅西从不假摔》之后，将文章发表在杂志《奥赛》（*Orsai*）上。他汇总了梅西的比赛片段——在这些片段中，对手为了阻止梅西，用尽各种方式对他进行犯规，比如身体碰撞、踩在他身上，或者将他绊倒，但他总能站起来继续向前，如同着了魔一样，并且从不抱怨。卡夏里写道："梅西的双眼只盯着球，而不是比赛或周围环境。"他好像"被催眠了"，心里只有一个目标，就是将球踢入对方的球门。卡夏里继而写道，梅西这样的态度让他想到自己小时候养过的一只小狗——它总是紧紧地咬住一块自己喜欢的海绵，绝不松口，它的眼睛只盯着海绵。"梅西是只狗，"他写道，"梅西是个病人。那是一种令我感动的罕见疾病。（梅西）是目前最后一个犬人。"我们都知道这是另辟蹊径的写法，作者并非出于不敬，而是突出梅西身上纯粹的动物本能，这种本能在踢球时推动他前进。

12

梅西 vs 马拉多纳

谁知道梅西还能给我们带来什么呢？

有时我会好奇，如果梅西确实比马拉多纳出色，那么后者会在何时意识到梅西超越了自己？（我知道我大胆地给自己出了道难题。）是在梅西对阵赫塔菲队打入"马拉多纳式进球"的那一天吗？2007 年国王杯半决赛，当时 19 岁的梅西已经有了老将的风范，不经意地再现了马拉多纳 25 岁时对阵英格兰的进球。他仿佛在告诉马拉多纳：现在的我已经踢出了你的最佳进球，我身上再也没有压力了。

但是，马拉多纳没有认输。梅西赢得了越来越多的冠军，打破了越来越多的纪录，但马拉多纳拥有一项梅西梦寐以求，却没有得到的重要冠军头衔——和阿根廷国家队一起赢得世界杯冠军。多年以来，这项空白成了重重压在梅西及其家人身上的悲痛印记。（别忘了他还有填补的机会。）马拉多纳本人总是毫不迟疑地指责梅西，比如在外号"椰子"的主帅巴西莱的带领下，处于最低谷的阿根廷国家队征战2010年世界杯预选赛。经过一场枯燥乏味的对战，阿根廷和秘鲁战平。马拉多纳在某个体育频道进行赛事解说，他说："梅西有时候只会为梅西踢球。他是巴萨梅西。"一个很不友好的讥讽，对吧？

当他们谈到提出这个问题时，大部分阿根廷人都认为你不应该做比较，两人都很优秀；然后他们马上开始了对比。这无可避免。乌戈·阿施说："梅西是一张海报，马拉多纳是一面旗帜。"帕特里西奥·普龙在杂志《笔记》（*Jot Down*）里写道，这是一种"不可能且不可取的对比"，特别是考虑到国家的社会历史状况，他尝试做了另一种描述："我们阿根廷人喜欢马拉多纳，因为他行为出格，遭遇过意外，也遭遇过失败，他让我们看到了自己，或者说，他让我们相信：才华会给一个人带来诅咒，所以我们也没有必要努力。"另一位更感性的作家爱德华多·萨切里说，马拉多纳和梅西无法对比，因为前者已经是一部"完整的作品"，而后者还是"一部正在书写的作品"，谁知道梅西还能给我们带来什么呢？萨切里的看法颇有见地："就算我们阿根廷人始终对迭戈以及他的退役、离开和永远不再踢球无法释怀，但那也不是梅西的错。"

即使在马拉多纳本人看来，梅西可能与萨切里所说的这种"无法释怀"脱不了干系。有人说两个人都在努力走到一起。或许经过这几年，他们的关系有所缓和，变得友好起来，但马拉多纳自以为是的态度和爱提建议的固执将其打破。无论如何，两人关系中有一个重要时刻：2008 年 10 月，马拉多纳出任阿根廷国家队主教练，准备冲击 2010 年世界杯冠军。他意识到自己需要依靠梅西，因此在战术布置和队员安排方面，他听取了梅西的意见。他让梅西取代贝隆担任队长。若是球员时期的马拉多纳得到这样的安排，定然会欣喜不已，但对梅西而言，他尚未做好承担这一责任的准备。马拉多纳还让梅西穿 10 号球衣，这是一个非常聪明的策略，具有很强的象征意义。10 号是马拉多纳曾经的号码，其后"小毛驴"奥特加、安德雷斯·达历山德罗、巴勃罗·艾马尔、胡安·罗曼·里克尔梅和贝隆都曾身披 10 号战袍。马拉多纳的用意非常明显。在一次采访中，哈维尔·马斯切拉诺无意间透露，马拉多纳将梅西看作自己在球场上的化身——"他说他年轻了 30 岁！"。这让我想到伍迪·艾伦最近的电影，他让演员所扮演的角色本质上是他自己。

万事俱备，但成效甚微。梅西融入不了球队。梅西在佩普·瓜迪奥拉的巴萨，展现出了最佳状态，他是一个能够自由移动的组织核心。马拉多纳想找阿根廷版的哈维、伊涅斯塔或布斯克茨，但没有找到。数据显示，马拉多纳任主教练期间，梅西在 16 场比赛中打进 2 个球。少得可怜！在南非世界杯上，梅西一球未进。在 1/4 决赛时，阿根廷队以 0 ： 4 败于德国队，惨遭淘汰。西班牙队最终赢得了世界杯冠军，不知道梅西是否后悔他几年前在巴萨做出的那个决定。2003 年，梅西 17 岁，西班牙足协试图归化他，让他和塞斯克、大卫·席尔瓦等人一起代表西班牙参加 U-17 世界杯，但他最终选择了阿根廷队。

梅西与马拉多纳。

在布宜诺斯艾利斯南部的一家足球俱乐部里，天花板上挂有一幅模仿米开朗琪罗作品的壁画——"上帝"马拉多纳将手伸向"亚当"梅西。创作者曾对于这幅艺术画做解释："这幅画似乎代表着足球精神的传承，马拉多纳将自己的力量赋予了梅西！"那么，这两位阿根廷球员，究竟谁更出色？2012年，意大利《米兰体育报》对梅西和马拉多纳的足球技术和个人能力进行了对比。

速度方面。梅西更快，他的启动速度令人赞叹。他轻盈灵巧，急转急停自然，触球频度很高。他有精湛的带球过人技能，总能趁对手来抢球的时候将球转变方向，让对手措手不及。"古巴国父"卡斯特罗曾称赞："梅西像闪电一样出现了，他虽然个子矮小，但是速度很快，他能精彩地绕过一个又一个点，用他的双腿和头射出球。"

力量方面。马拉多纳在爆发力和头球的力量上更强。进球数量也是直观的衡量标准。梅西的进球效率奇高，是西甲和阿根廷国家队历史上进球纪录最高的保持者，也是西甲历史上助攻最多的"助攻王"。

2021年3月22日，巴萨以6∶1大胜皇家社会，梅西贡献了2球1助，这也意味着他打入巴萨生涯的第700球，包括正式比赛的663球，以及友谊赛的37球。梅西早在25岁的时候就已经追平马拉多纳职业生涯的345个总进球数。1976—1981年，马拉多纳效力于阿根廷青年人队，他在166场比赛中共打入了116个进球。在当时，南美洲的联赛与欧洲联赛水平不相上下，每一个进球的含金量都很高。另外，马拉多纳在巴萨效力期间打进38球，效力那不勒斯期间总进球数是115个。

体育精神也是很重要的一个方面。在领导力上，马拉多纳素来以天生的领袖气质而闻名。当球队处于逆境时，他能挺身而出，通过话语激励队友。1986年世界杯，阿根廷队战胜英格兰队后，马拉多纳带领全队，在更衣室唱"*Vamos Argentina*"。这一情景堪称经典。梅西的性格内敛、低调。作为阿根廷国家队的队长，他展现得更多的是随和、谦让。他会在适当的时机把球传给队员，让他们一展风采。

个人荣誉方面。梅西自 2005 年出道以来，创造了多项伟大的纪录，包括金球奖、世界足球先生、欧洲金靴奖、世界最佳射手等。俱乐部方面，梅西以主力射手身份协助巴萨队连得西甲联赛、西班牙国王杯、欧洲冠军联赛三项冠军，成为西班牙足球史上第一支三冠王球队；国家队方面，梅西以队长身份带领阿根廷队在 2014 年世界杯过关斩将。马拉多纳在阿根廷足球历史上具有极其重要的地位，他在 1979 年率领阿根廷队夺得了世界青年足球锦标赛冠军，在 1986 年墨西哥世界杯上带领阿根廷队夺得最终冠军。1986 年的世界杯，阿根廷队的夺冠意义非凡。7 场比赛中，阿根廷队共打进 14 个球，其中有 13 个进球都和马拉多纳息息相关。阿根廷队最终拿下世界杯冠军，树立了民族自信心，也使马拉多纳成了阿根廷英雄。

2008 年 10 月 28 日，马拉多纳担任阿根廷国家队的

主教练。2010 年世界杯，在马拉多纳的率领下，梅西和
队友们向着久违的冠军奖杯发起冲击。1/4 决赛时，阿
根廷队与德国队对战，在常规时间内，德国队以 4∶0
锁定胜局，阿根廷队遗憾出局。赛后，马拉多纳谈到梅
西："我是他的朋友。当我们以 4∶0 输给德国队时，我
看到他在雨中哭泣，当时很多球员已经在寻找回国的航
班了。"

2017 年，C 罗荣获国际足联"足球先生"，马拉多
纳是当时的颁奖嘉宾。在颁奖仪式结束后，马拉多纳难
以抑制自己的情绪，他说："把最佳奖颁给罗纳尔多而非
梅西，我很失望。"

外界曾传言马拉多纳和梅西关系不睦。马拉多纳在
接受 TyC Sports 的采访时谈到了梅西，"我永远不会站
在梅西的对立面，对我而言，梅西和阿圭罗一样，都是
我外孙本杰明的偶像。我永远不会将梅西置于危险之中"。
梅西也在接受一家阿根廷电台的采访时诚恳地说："无论
何时，马拉多纳都是最伟大的球员，即使再过一百万年，
我也不可能超越他。"

13

漫步引发的争议

所有的摄像机在一场比赛中追踪着他，探究他神秘的天赋。

比赛中比梅西更会走的球员寥寥无几。有些球员跑动频繁，行动敏捷，或活动范围大，而梅西行走的方式独一无二。贝肯鲍尔穿过防守时就像在自家花园里漫步，"你，可以进来；你，不行"。不跑位的时候，"魔术师"冈萨雷斯会漫不经心地拖着脚穿过对方半场。伊布拉希莫维奇走起来气宇轩昂，像一只长腿火烈鸟知道有人正在欣赏自己。但梅西不会，他走起路来就像丢了钥匙之类的东西，两只眼睛一直盯住地面的一小块区域，有时你会觉得他正在估算自己和对手的距离，在考虑是否有必要缩短距离。有些神经紧张的守门员一直在前前后后地移动，在一场比赛中活动的距离比梅西还长。如果是其

117

他球员，我会让他多跑动，但对梅西，我们都知道没有必要——他从来不会忘掉比赛，始终知道如何节省体力。

奇怪的是，只有当巴萨战绩不佳时，梅西的"散步"才会让球迷忧心。例如在"塔塔"马蒂诺执教的2013—2014赛季，梅西溜达的时间比以往都长。"他在为世界杯保存体力。"人们这么说，似乎在为他场上漫步找理由。

2013年10月，佩普·瓜迪奥拉执教拜仁慕尼黑的第一年，我拜访了他在萨博纳大街的根据地。佩普带我参观了训练场、超现代化的设施，我们在他那间像太空船一样的办公室里喝了咖啡。那天下午，瓜迪奥拉在备战与来自捷克共和国的比尔森队的欧冠比赛。他向我展示了他的电脑屏幕，他正在观看比尔森队在全国联赛中的最后一场比赛。我立刻发现屏幕画面有些奇怪。然后他解答了我的疑惑——助教团队用能拍摄整个球场的固定摄影机记录了对手的比赛。这不是为了观察每个人的动作，而是想从整体上了解对手的运动、往返、压力区和每个球员本能的移动方向。

现在回想当时的情景，我很想从这种静态的视角来观看巴萨的比赛——就像坐在场边的最佳位置上。我想将注意力全部放在梅西身上，看他走来走去，仿佛对四周的一切都毫不在意。我会密切关注他的动作和反应——他看似漫无目的地随意迈着步子，有些踌躇不决，然后突然朝反方向扭过身子，奋力接住一个传球；或者看他出现后如何带动跑位，上演决定性的一幕。比如梅西面对赫塔菲队打入"马拉多纳式"进球的那场西班牙国王杯比赛。如果你完整地回看一遍比赛，期待第 28 分钟将要发生的事，那种感觉非常美妙。这就像再看一次自己最爱的电影，比如布莱克·爱德华兹的《狂欢宴》，你会一直期待彼得·塞勒斯在泳池丢掉鞋子的那一刻。你已经看了很多遍，对剧情熟稔于心，但重温还是能带来乐趣。在那场比赛中，第 28 分钟，梅西在右路靠近中线的位置拿到球。几分钟前，他退回来防守，将球踢出界外，给了对方一个角球。现在他的体力得以恢复，从远处关注着比赛。向前四步，向后两步，向前三步，向旁边一步，又向后两步。看到球向自己飞来，他抬起头，全身绷紧。当本队丢球，他放松下来，再次开始漫步。突然，哈维带球朝他奔来。他挺直了身体，用表情告诉哈维："我在这里。"当然，哈维已经知道了。梅西等待着。他接到球后，立刻做出第一个假动作晃过了一名球员，然后盘带，再盘带。过了十二秒，只用了十二秒，所有人都陷入癫狂。

2017 年 12 月 23 日，西甲第 17 轮，巴萨与皇家马德里比拼。赛后，媒体除了报道巴萨以 3 : 0 获胜的喜讯外，还对梅西在比赛中的表现大做文章。据数据统计，梅西在场上移动了约 5 英里（1 英里≈1.6 千米），其中 83% 是在"散步"。尽管如此，梅西仍能抓住主罚点球的机会，帮助巴萨队以 2 ： 0 领先。

与瓜迪奥拉的固定拍摄相比，我更喜欢另一种相反的策略——专注于某位球员，让你看到他在整个球场上的表现。2006 年，影像艺术家道格拉斯·戈登和菲利普·帕雷诺拍摄的影片《齐达内：21 世纪的肖像》首映。这部作品介于纪录片与艺术创作之间，追踪了齐内丁·齐达内在一场比赛中的各个方面。2005 年 4 月 23 日，在皇家马德里对阵比利亚雷亚尔的比赛中，两位艺术家在圣地亚哥·伯纳乌球场架起 17 台同步摄影机追踪整场比赛中齐达内的表现。镜头从远处推进，拍摄流汗、盘带、奔跑、讲话、要球的画面。每一台摄影机都对准了他。背景中有球迷的喧闹声，时不时传来苏格兰乐队"魔怪"的音乐。通过这些画面可以从身体和心理上对个人进行研究，构建出 20 世纪最后一名伟大球员的肖像。比赛接近尾声时，齐达内与人发生争执，因攻击对手被罚下，影片通过这个细节也体现了足球运动的不可预知性。

有时我看到梅西在球场上漫步，做着那些只有他能做的事，我觉得他也值得拍一部像齐达内那样的影片，一部运动中的艺术作品。他无疑是 21 世纪的伟大球员。所有的摄像机在一场比赛中追踪着他，探究他神秘的天赋。我们永远都不知道比赛时他在想什么，但至少我们可以离他更近一点儿。

2020 年 11 月 5 日，欧冠小组赛第 3 轮，巴萨以 2∶1 战胜基辅迪纳摩队。虽然梅西在这场比赛中进球了，但是他在比赛中"散步"的一幕还是引发了热议。

比赛的第 92 分钟，基辅迪纳摩队球员安德烈夫斯基带球跑过中场。当时，梅西在安德烈夫斯基的不远处走着，他没有发起进攻。值得庆幸的是，安德烈夫斯基的这一球没有进。最终，巴萨队取得胜利。

赛后，部分媒体和球迷对梅西在比赛中的"散步"发表了看法。他们认为梅西作为巴萨的队长，在赛场上应该分秒必争夺取胜利。西班牙媒体《马卡报》评价："梅西在比赛中的'散步'，显然对他的形象没有好处。他没有树立一个好的榜样。"巴萨主教练科曼对此解释道："梅西是一个很强的球员，在赛场上，他的出场总能给对手带来威胁。任何的球员都可能被拍到在球场上'散步'，我没有看，也没兴趣看。"

事实上，梅西"散步"的时刻已经接近比赛尾声。当时，巴萨以 2∶1 领先，可以说是稳操胜券了。此外，巴萨的其他球员也在防守，球队呈现 1-4-4 的队形，所以没有必要对梅西的"散步"过于关注。

永恒的友谊 **14**

所有伟大的球员开始时都会在更衣室里找一位"拉比"。

20 04年7月底，天降好运，《国家报》派我去报道巴塞罗那足球俱乐部在亚洲的巡回赛。或许是我走运，巡回赛与雅典奥运会同时举行，大部分体育记者都赶去了奥运赛场，而我的一位同事在最后时刻摔伤了腿，所以报纸的首席足球记者雷蒙·贝萨在星期四下午打电话给我，给我分配了这项很有吸引力的任务。他让我打起精神，立刻去中国领事馆申请签证，我们星期一上午就要出发。那是巴萨的首次亚洲之行，目的是开拓当时所谓的新兴市场。我们去了首尔、东京和上海。我们一行大概是十二位记者，和球队、技术人员以及几位主管乘同一架包机，另外还有五十名球迷，他们支付了巨额费用得以与球队同行。

几年后，我仍感到很荣幸，曾近距离地接触过这些球员，体验了一个我不了解的世界，并结识了一批记者同行，他们倾尽全力地记录，连球队周边发生的最微小的事件都不放过。我还买到了一块仿冒的劳力士手表，但那是另一回事。《国家报》让我报道巴萨队计划举行的 3 场比赛，并利用剩下的时间考察城市，找寻足球全球化的趋势并书写成文——为了得到罗纳尔迪尼奥的签名而排起长队的日本球迷、首尔地铁站里贝克汉姆的内裤广告海报、上海市场上贩卖仿冒巴萨球衣的小贩。

那几个星期里，我密切关注着球队的日常生活，这也是梅西和罗纳尔迪尼奥开始结下友谊的重要时刻，但当时我并不知道。由于队里几名球员即将出战奥运会，弗兰克·里杰卡尔德在最后时刻决定将两名 B 队球员纳入球队，即佩佩·莫拉和里奥·梅西，后者刚过完 17 岁生日。我不是专业记者，也不是预言家，我无法单凭直觉就断言梅西会成为一名伟大的球员。不过，我的几个同事确实认为他很有前途，因为他在 B 队创造了奇迹。于是，我也逐渐开始在训练中关注他。

梅西那时候的形象早已成为陈词滥调——一个沉默的、不善言

辞的青年。他非常腼腆，看起来好像很胆小。他不会独处，但也不
是任何聚会的焦点。别人笑的时候他也笑，如果我没记错的话，他
甚至试图压制自己的才华和过人的技术，不想年纪轻轻就锋芒毕露，
以免惹恼队友。因为是新人，他需要自己带着球和装备去参加训练。
他看上去就像一个还在发育中的孩子，做这些事的时候，就像一个
遭到剥削的孤儿。巡回赛期间，他和哈维同住一个房间，不管这个
决定是谁做出的，梅西都知道自己要做什么。哈维就像东道主一样，
他帮助梅西融入球队，和梅西交谈，向梅西介绍巴萨的价值观以及
为一队效力的荣誉感。

回顾我在巡回赛期间写的文章，我发现很少提到梅西，但
也见证了他唯一一次为球队效力——在第二场比赛中，他登场了
十五分钟。在东京国家体育场对阵鹿岛鹿角队的比赛中，他击中
立柱，并打入一个进球（最终比分为 5 ：0）。那次巡回赛的明
星是罗纳尔迪尼奥。2003 年 7 月 19 日，他加入巴萨，当时的转
会费高达 2500 万欧元。之后，他迎来了职业生涯最风光的时期。

我在为《国家报》撰写的比赛报道中写道：

> 毋庸置疑，罗纳尔迪尼奥完全不同。这个巴西人在这个国
> 家已经有了一批追随者，但他还是在九十分钟里用几个漂亮的

动作、轻触球、低调慷慨的风度统治了比赛，进一步巩固了他的传奇。例如在比赛的最后阶段，他全情投入，看台上的球迷都在期待他的标志性进球。他接到路易斯·加西亚的传球后跑入禁区，这是一个绝佳的机会，但他决定将球传给年轻的梅西，好像在说："继续，你来。"

好吧，鉴于这只是一场友谊赛，我的报道可能有点儿夸张。不过最重要的是罗纳尔迪尼奥的姿态，后来梅西和其他队友在其他体育场内重复过这样的姿态。所有伟大的球员都知道如何表现出慷慨，这可能是小梅西从这位出色的巴西人身上学到的第一件事。所有伟大的球员开始时都会在更衣室里找一位"拉比"——一个经验丰富的老手，能告诉自己球队的内情和仪式，能向自己传递比赛理念和赛场上的正确态度。就这一点而言，哈维似乎很适合给梅西提供指导，但实际上，罗纳尔迪尼奥很快成了梅西的足球拉比，尽管看起来令人难以置信。

梅西还在巴萨青年队的时候，萨维奥拉就对这个人人称赞的小孩产生了兴趣，甚至把自己的球衣送给他。两人都是阿根廷人，但萨维奥拉不具备在球场内外成为梅西领路人的条件。罗纳尔迪尼奥——从某种程度上来说，还有德科——立刻发现了这个年轻人的潜力。梅西曾说过，2004—2005 赛季，亚洲之行刚结束，他仍在 B

队，但会和一队一起训练，主教练时不时会给他几分钟的上场时间。他和 B 队共用更衣室的另一个区域，直到有一天，罗纳尔迪尼奥执意让他使用自己旁边的空柜子，就这样，他成了球队核心集团的一员。里杰卡尔德对此没有异议。

罗纳尔迪尼奥于 2003 年到 2008 年效力于巴塞罗那足球俱乐部。

罗纳尔迪尼奥为巴萨效力的 **5 年时间**里，作为核心球员，他一共出场 207 次，打进 94 球，还有 61 次助攻。他帮助球队夺得了两个西甲冠军、两个国王杯冠军和一个欧冠冠军。2004 年和 2005 年，他连续两年获得"世界足球先生"称号。2008 年 3 月 9 日，他完成了在巴萨队的最后一场比赛。

罗纳尔迪尼奥和梅西并肩作战了将近三年半。梅西在一队的第一个进球就来自罗纳尔迪尼奥的助攻，那是一个值得纪念的进球，是一个特殊的时刻。梅西跑到罗纳尔迪尼奥身边一起庆祝，而罗纳尔迪尼奥直接背起了梅西，这一幕成为足坛上的经典画面。"整场比赛里我都在找他，"罗纳尔迪尼奥多年后回忆道，"我的确想让他进球。"第一个进球之后，这样的合作便经常出现，两人互相助攻，但大多数时候都是罗纳尔迪尼奥助攻，梅西进球。重温这些比赛，你能更好地理解这种"学徒制"，理解沉默的罗纳尔迪尼奥在比赛中传递喜悦的方式，理解他作为最佳球员的谦逊以及传球助攻破门后的满足感。

每当进球，梅西都会和罗纳尔迪尼奥一起庆祝，用手指向他表示感谢，甚至爬到他的背上。在一场场比赛中，梅西学会了与更有经验的人合作。那些年，这个 20 岁的男孩脸上挂着灿烂的笑容，一头长发随风飘扬，一步一个脚印地成长起来。

2004 年，罗纳尔迪尼奥在接受采访时，曾语气肯定地说："巴萨有一个人比我更优秀，他是梅西。"梅西也曾评价罗纳尔迪尼奥："对我来说，罗纳尔迪尼奥是兄长，有时我甚至会觉得他像父亲。他总是帮助我，提携我，出现在我的身边保护我。我非常感谢他。"

在巴萨的最后一段时期，赢得诸多冠军和金球奖的罗纳尔迪尼奥状态低迷。2018 年 1 月 17 日，他宣布退役。巴萨通过网络发表了祝福："罗纳尔迪尼奥，足球世界的迷人微笑，诺坎普球场的魔术师，感谢你所做的一切！"

这位巴西人离开后，梅西接过了 10 号球衣。如今他依然是 10 号。

　　回顾罗纳尔迪尼奥的职业生涯，有不少令人难忘的比赛。例如2003—2004赛季联盟杯，巴萨以8：0大胜普乔夫，罗纳尔迪尼奥上演了巴萨第一个"帽子戏法"；2006—2007赛季西甲第12轮，巴萨以4：0战胜比利亚雷亚尔。上半场，罗纳尔迪尼奥罚中点球；下半场，巴萨连进3球。而他在终场前的倒钩破门成为经典。

　　2002年韩日世界杯1/4决赛，巴西以2：1战胜英格兰。当时，罗纳尔迪尼奥、大罗、里瓦尔多被称为"3R组合"，他们助力巴西7战全胜夺得2002年的世界杯。在巴西对战英格兰的比赛中，罗纳尔迪尼奥先是助攻里瓦尔多打进一球，然后在第50分钟主罚远距离任意球，吊球门后角射门，令英格兰门将希曼猝不及防。这个进球成了他的成名作，使他被全世界球迷认识。

　　2003年9月3日，巴萨对阵塞维利亚，罗纳尔迪尼奥打进巴萨的首个进球。他从左路带球突进，晃过塞维利亚的两名防守球员，随后在距离球门 25 米外起脚劲射，球稳稳入网。这个精彩的远射彻底征服了巴萨的球迷，也让罗纳尔迪尼奥开始在世界足坛站稳脚跟。他曾回忆说："那是一场特别的比赛，与其他任何比赛都不一样，那是一切的开始。"

2005 年 11 月 19 日，西甲联赛第 12 轮，巴萨凭借罗纳尔迪尼奥的"梅开二度"和埃托奥的一个进球，以 3 : 0 完胜皇家马德里。这场比赛的第 15 分钟，埃托奥在 3 名皇马球员防守下，右脚捅射进球；第 60 分钟，罗纳尔迪尼奥从中场左路带球，打入禁区后劲射；第 78 分钟，罗纳尔迪尼奥摆脱拉莫斯的防守，推射远角射门，锁定胜局。

梅西为阿迪达斯代言的广告海报
图片来源：Creativecommons

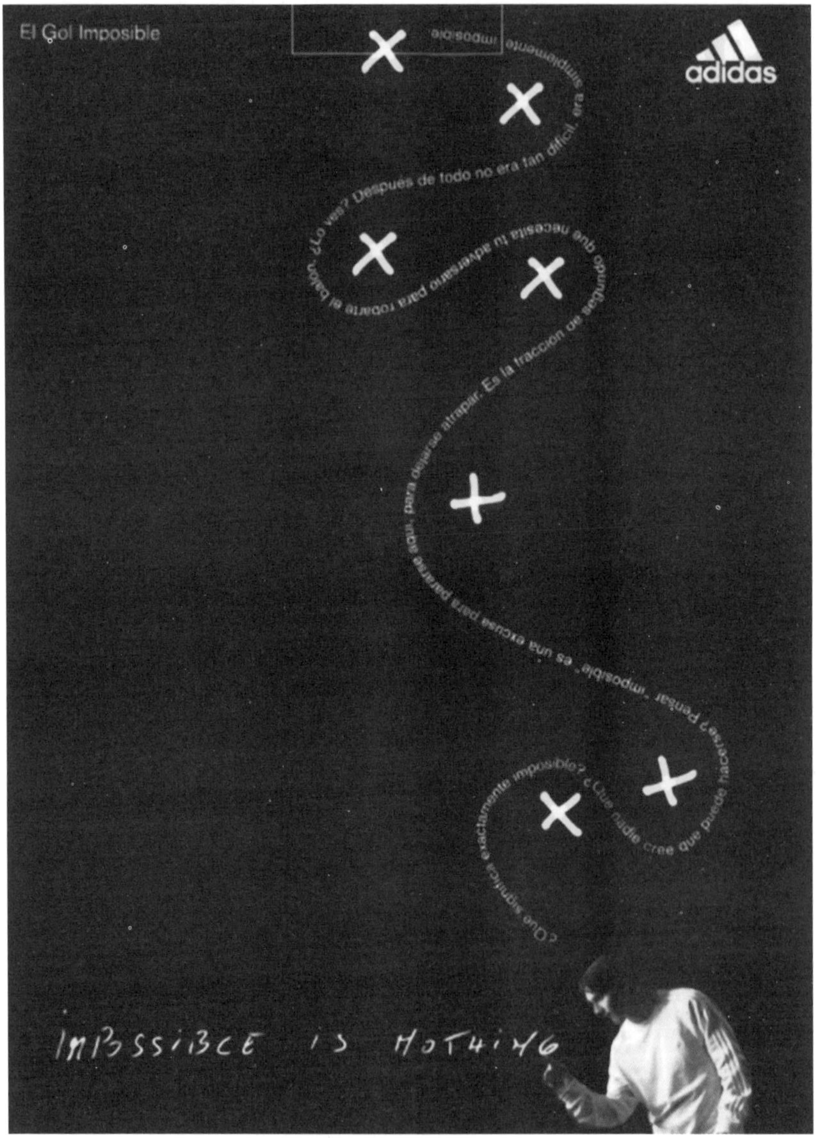

伤病为伴 **15**

他的伤病是足球界的"死亡象征物"，提醒着我们终有一天，梅西将不再上场。

如果你见过梅西在诺坎普球场被犯规者碰倒在地后迟迟没有起来，你就能理解什么叫鸦雀无声。梅西从不装腔作势。起初，全场观众感到义愤填膺，数十万人发出口哨声，就像看到自己的掌上明珠被击倒在地一般，大家希望裁判来主持公道，希望他能出示红牌。无论对方是有预谋地犯规，还是一时冲动进行个人报复，全速奔跑将梅西撂倒这一幕都让人情绪激动。接下来，我们的孩子没有马上站起来，他在地上痛苦地扭动身子，于是，沉重的静默如同钟罩一般笼罩着整个体育场，仿佛再过十秒就要举行一场国葬似的。不到一分钟，全场骚动起来，人们将目光集中到其他球员的反应上。看着裁判将医

务人员叫进球场，嗡嗡嗡的说话声越来越大。电视观众至少能看到
受伤球员的特写镜头，能看到梅西是否在抗议，是否在流血。但现
场的观众看不到，他们窃窃私语，害怕招来不祥。有人在祈祷；有
人在咒骂犯规的球员；有人在计算如果梅西一个月、两个月或三个
月不能上场，我们会丢多少分。如果有人在听广播，相信他就会变
成官方信使："他们说看起来不太严重""他们说看起来不太好"……

消息像野火一样蔓延开来。每个球迷心里都住着一个医生——
休养两个星期。毫无疑问，他身体强健，那里是肌腱，让他进高压
舱，这些预测都是根据球队当下的需要做出的。乐观主义者说："他
已经学会了如何跌倒，所以不会有什么严重的后果。"悲观主义者则
低声说："完了，他要缺席整个赛季了。"按照巴萨球迷的性格和传
统，他们已经习惯了参演"心理剧"：在克鲁伊夫教练还没教我们
如何保持信心之前，一点儿小事都能让我们痛苦万分。这是球迷代
代传承下来的心态。到了 12 月，他们就说："今年又没机会了。"运
气好的话，这话会推迟到次年 2 月才说。虽然现在我们对梅西信心
十足，但仍像皇家宫殿的园丁那样热切地为他操着心。如果看到他
长跑之后呕吐，或者痛苦地大叫，我们就会全神贯注地注视他。如
果他在比赛中摸着自己的腿，或者他走路时长时间盯着地面，或者
他看起来很暴躁，我们为他担惊受怕，如果可以，我们愿意为他承
担痛苦，这样他就可以继续比赛了。我们为他担忧，因为我们曾见

过他受伤，那真是相当的煎熬。

不过，几乎没人见过梅西第一次受伤，那是他第一次骨折。阿尔伯特·马丁·维达尔在《自由人》杂志的一篇报道中写道，13岁时，在与埃布罗体育学校的托尔托萨的球队的比赛中，梅西的腓骨肌腱被弄断了。那是梅西第二次代表巴萨B队参加比赛，这是他抵达阿根廷后，等待了好几个星期后才得到的机会。有一段比赛视频，第1分钟，小梅西在边路接球，他尝试盘带，结果丢了球。从抛界外球开始，对方的一名球员就打算将球踢出梅西的防守区，就在他准备踢球的时候，梅西出其不意地伸腿阻挡，结果撞上了对方球鞋产生的极强冲击力。多年之后看到维达尔的报道，那名叫马克·拜格斯的球员才意识到自己曾踢断了里奥·梅西的腿，自己的无心之举差点儿就改变历史进程。

接下来的三个月，梅西一直打着石膏、挂着拐杖。在那个赛季，梅西和家人住在俱乐部提供的位于勒科尔茨区的公寓里，但他的母亲和兄弟姐妹无法适应巴塞罗那的生活，因此返回了罗萨里奥。他的父亲也没有多少信心。有一天，父子俩坐下来——不能踢球，儿子感到很无聊——父亲问儿子要不要收拾行李回家，只要一句话，他就去买票。"不，爸爸，我想在巴萨有所作为。"小梅西回答道。他的态度非常明确。

不知是不是因为这段时光异常艰难，还是仅仅因为无法上场比赛（用记者的陈词滥调来说是"失业"），总之在受伤的时候，梅西承受了巨大的痛苦。他在职业生涯中的第一次重伤是肌肉损伤，发生在 2006 年 3 月 7 日对阵穆里尼奥率领的切尔西队的欧冠比赛中。他的右大腿股二头肌撕裂。他休战了两个半月，更糟糕的是，他因此缺席了在巴黎举行的欧冠决赛。两年后的 2008 年 3 月，在另一场对阵格拉斯哥凯尔特人队的欧冠比赛中，我们再次看到满脸痛苦的梅西被抬进更衣室，途中他拥抱了弗兰克·里杰卡尔德。他在联赛和国家队也受过其他肌肉损伤，但这次尤其严重。他不由自主地流下眼泪，因为 3 个月前，他在对阵瓦伦西亚的比赛中受过类似的伤。每到此时，诺坎普球场就会陷入沉寂，球迷们也跟着他承受着煎熬。

此外，也有一些人对这些伤病提出质疑。有的媒体揣测这些脆弱的肌肉是不是激素生长治疗造成的后果（医生否认了这种揣测）。他们认为梅西应该控制好自己的身体，应该知道自己的身体极限。

实际上，佩普·瓜迪奥拉于 2008 年接任主教练之后，就对饮食进行了调整，几年来收获了奇效。他在饮食中减少了比萨，加入了大量阿根廷炸牛排。但是经历了 2012 年的四次伤病之后，2013 年，梅西向意大利营养学家朱利亚诺·波泽求助，后者建议彻底改变饮食结构，以便让每一块肌肉都能发挥出最佳状态并预防伤病。波泽医生建议精心挑选食材，饮食要全面，并且选用未加工的材料，例如橄榄油、时令水果、鲜鱼，且要减少预先加工。此后梅西又受了几次伤，最严重的一次是 2015 年 9 月韧带拉伤，当时巴萨主场以 2 : 1 战胜拉斯帕尔马斯队。开场后第 3 分钟，巴尔特拉左路传球给梅西，梅西在对方禁区内一脚推射，但被对方后卫封堵。由于梅西左脚踢到对方腿上，他的左膝内侧副韧带撕裂。他休战两个月，但都没有他在十年前的伤病那么严重。

除了身体自身的状况，有些伤病来自对手的犯规。他们要么是受不了梅西的盘带能力，要么是在抢断时出现严重失误。例如 2010 年 9 月，在与马德里竞技队的比赛中，防守球员乌伊法鲁西重重地蹬在了梅西的右脚踝上。乌伊法鲁西被红牌罚下。梅西的内侧副韧带受损，休战了两周，全世界都看到了照片——他的脚踝肿得像个网球。

令人意外的是，皇马球员是梅西的主要侵犯者，特别是在穆里尼奥执教皇马期间。诚然，对抗十分激烈，而且梅西在面对美凌格的比赛中往往表现出色——只要问一问皇马以前的守门员伊戈尔·卡西利亚斯就知道了，因为他常常咬着嘴唇望向天空，将球从球门网的后部捡回来。我们也经常看到因个人挫败而引发的侵犯。马塞洛和佩佩都曾留下他们的印记，塞尔吉奥·拉莫斯曾两次因对梅西飞铲而被罚下场，他也因此得了个"脾气暴躁"的名声。

梅西是速度型球员，瞬间爆发力惊人，擅长将球在高速情况下变向和急停。这些特点助他打入数不胜数的进球，也增加了他受伤的概率。比赛中激烈地变向、冲刺、抢球、铲球，都很容易造成身体部位的错移和受伤。加泰罗尼亚当地媒体《每日体育报》统计了梅西职业生涯的伤病：右臂骨折、右大腿肌肉受伤、右小腿比目鱼肌受伤、左脚跖骨骨折、左腿大腿肌肉撕裂、左膝韧带受伤、左膝挫伤……他出道后受伤次数最多的年份是 2006 年，只有 2011 年和 2014 年没有伤病。

如今，梅西每缺席一场比赛，都会让足球界倍感遗憾。时光一去不复返。他的伤病是足球界的"死亡象征物"，提醒着我们终有一天，梅西将不再上场。我们仍会在草坪上找寻他的身影，就像队友在他受伤时仍本能地找他一样，但他再也不会出现。然后（小提琴声响起）……"摇篮在一道深渊上晃动，常识告诉我们，我们的存在只是一道短暂的光缝，介于两片黑暗的永恒之间……"

好了好了，不必夸大其词，我们只是要为他不再上场的日子做好心理准备。

2020 年 8 月 9 日，欧冠 1/8 决赛次回合中，巴萨主场迎战那不勒斯，最终以 3：1 获胜。在前场抢球中，梅西从库利巴利的背后伸出左腿截球，结果库利巴利的右脚正好踢在梅西的左小腿上，使梅西受了轻伤。然而，由于巴萨的替补队员短缺，梅西作为队长，坚持踢完了整场比赛。

纪实文学

16

"我就是 10 号。"

面对梅西，我们从不考虑"纪录"这种东西。我们更感兴趣的是此前从未有人做到的事，而不是用数字展示足球运动细枝末节的那些数据。

这股"数据热"来自美国，一些人极为详细地计算了体育明星和运动队的成绩，妄想据此来预测未来。数据热之所以兴起，还有一个原因。在常规棒球联赛赛季中，一支队伍要在六个月里完成 162 场比赛，也就是说平均每周打 6 场比赛。在 NBA 中，一支篮球队每个赛季最少要打 82 场比赛，如果是进入决赛的队伍，则要打 110 场比赛。很少有球迷能了解他们的全部情况。由于时区不同，球队在联赛积分榜上的位置每天都会更改多次，大赛结束时，那些变动更加规律的球队才会升到榜首。

在足球界，数字和统计数据是纪实、冰冷又客观的体现，几年后可以用来解释历史上曾经发生过什么。但这不是我们记忆中的现实。比如，梅西对阵赫塔菲进球之后，还有人知道比赛是怎么结束的吗？对不起，我只记得那个进球。每一个动作都铭刻在我们的脑海中——在射门的那一刻，守门员出击，埃托奥在旁边奔跑，他追着球，惊讶地将手放在头上，然后与队友一起庆祝……很少有人记得最后的比分是 5∶2。其他球是谁进的？啊，那是个谜！那是西班牙国王杯的半决赛，人们对第二回合的记忆寥寥无几，巴萨在赫塔菲的主场以 0∶4 大比分战败，被淘汰出局。里杰卡尔德让梅西留在巴塞罗那休息，对球迷来说，那是个灾难性的夜晚。在官方的数据中，梅西只是打进了一个徒劳无功的进球。

NBA 的伟大球员勒布朗·詹姆斯曾说，纪录就是用来打破的。我依稀记得约翰·克鲁伊夫管理"梦之队"时曾开玩笑说，统计数据就是用来被推翻的。实际上，只有当人超越这些数据时，其重要性才能体现出来，这也是梅西在足球上的另一个强项。除了纪录片，一些球员会通过记录簿留名后世，有一天，当他们的纪录被打破时，他们将再次成为人们关注的焦点。比如毕尔巴鄂竞技队的传奇前锋特尔莫·萨拉在近六十年的时间里以 251 个进球保持在西班牙联赛射手榜的首位，直到 2014 年梅西打破了这个纪录。在此之前，阿根廷人超越了位于巴萨射手榜第一的塞萨尔，后者自 1955 年以来就以 232 个进球保持着这一纪录。此外，20 世纪 70 年代曾效力于拜仁慕尼黑的"德国轰炸机"盖德·穆勒也有两项纪录被梅西打破：第一项是"轰炸机"在 1972 年创造的一年 85 个进球的纪录，梅西在 2012 年以年度 91 个进球的成绩打破了这一纪录；第二项是 2018 年 1 月，梅西在单一顶级联赛中的进球总数超过了"轰炸机"，后者在德甲的进球总数为 365 个，而在对阵皇家社会队打进一个任意球后，梅西在西甲的进球总数达到 366 个，赛季结束时（2018 年 6 月），这个数据上升为 383，并且，梅西的比赛仍在继续。

这些数据只是梅西保持的部分纪录，我都忍不住因为枯燥而打起哈欠。一些球迷孜孜不倦地关注着纪录。总会有其他的可能性，总会有另一个鲜为人知的纪录需要被个人或集体打破……

作家恩里克·维拉－马塔斯在 50 岁生日前夕写了一篇文章，谈到自己对整数的厌恶以及我们赋予整数的"不合理的荒谬权威"。他认为动不动就搞庆祝让人心生厌烦。2018 年年初，梅西打入了诺坎普球场的第 4000 个进球。嗯，太棒了！三天后，路易斯·苏亚雷斯在对阵阿拉维斯竞技队的比赛中打进了第 4001 个进球，这个进球开启了一场反击战，意义重大，却没享受到任何荣光。

　　我并不是说我对纪录、周年纪念日或整数进球数毫无兴趣，但我更喜欢那些伴有壮举的数据，纪录只是附加的偶发事件。一个典型的例子是 2017 年 4 月 23 日，梅西在伯纳乌球场打进第 500 个正式比赛进球，对巴萨球迷来说，那是近几年最难忘的一夜。巴萨和皇马 2：2 战平。我相信你一定还记得那一刻。第 92 钟，塞尔吉·罗伯托从中场开始跑动，比赛似乎已经盖棺定论。没有人阻拦他，他为安德烈·戈麦斯打开左路。这位葡萄牙球员停住球，短传给正在场上奔跑的约尔迪·阿尔巴，后者接到球后立刻横穿。接着梅西不知道从哪里冒了出来，接下来的几秒内，世界仿佛突然静止，等待宇宙恢复正常，让万事万物回到它应在的位置上。梅西在禁区内射门，球穿过球员们的腿，重重地撞进球门一角，比分改写为 2：3。我不知道梅西当时是否知道这是他职业生涯的第 500 个进球，至少他在射门的时候并不知道——但进球后他立即用一种似乎预先设计好的方式开始庆祝，这是一个标志性的举动，会出现在所有早报的头版上，因为它囊括了比赛中的激情和他在赛场上英雄般的全能角色。梅西脱下自己的球衣，向伯纳乌球场的看台展示，平静又自豪，仿佛在说："我就是 10 号。"

　　在赛后记者发布会上，教练路易斯·恩里克评价说："即使是在家吃饭，梅西也是主角。"

在那晚定格的一系列画面中，你可以看到克里斯蒂亚诺·罗纳尔多在那个进球后愤怒地摇头，就在这一刻，我开始对纪录和统计数据产生了一点儿兴趣。多年来，CR7 的拥趸们一直用数据来对比他和梅西，他们没有意识到，足球远不止这些数据，更不只是耐克和阿迪达斯两个品牌的竞争。正如约翰·卡林在《国家报》上所说，克里斯蒂亚诺是一个天生的中锋——世界最佳 9 号——他最近的表现已经证明了这一点，但卡林也说，他需要学会自嘲，"因为他是 9 号，永远也变不成 10 号"。

CR7 即克里斯蒂亚诺·罗纳尔多。

两名球员的第一个较量场是金球奖。两人分别赢得了 5 次**金球奖**。事实上，在过去十年间，金球奖一直由两人包揽。我们必须追溯到 2007 年才能找到另一个获奖者——巴西球员卡卡（这一年克里斯蒂亚诺排名第二，梅西排名第三）。在两人包揽金球奖的 10 年里，两人的竞争成为媒体频繁讨论的话题，他们也一直在刷新纪录。更重要的是，只要两人继续踢球，纪录的保持者就会不断变更。例如欧冠联赛进球纪

截至 2019 年 12 月，梅西共获得 6 次金球奖。

录：2015 年两人都以 77 个进球打破了由劳尔·冈萨雷斯保持的纪录，截至 2018 年赛季末，克里斯蒂亚诺的进球数为 126，梅西为 110。他们在职业生涯的正式比赛中都完成了 40 次以上的"帽子戏法"，其中梅西完成了 47 次，克里斯蒂亚诺完成了 51 次。

看到了吗？我又要打哈欠了。这还没算他们在阿根廷和葡萄牙国家队里的表现。与其在这场个人较量的档案中翻找有利于这一方或另一方的数据，不如让我们记住，梅西更年轻，他在国际舞台上的表现时间或许更长。两三年，或许是五年——还有一段漫长的时光可以让他一一刷新纪录，彻底终止这场两个人的较量。

　　2017 年 4 月 23 日，西甲联赛第 33 轮，巴萨以 3∶2 战胜皇家马德里。梅西在补时阶段绝杀进球，助巴萨获得胜利。进球后，梅西和队友们紧紧拥抱，然后他脱下 10 号球衣，向看台的观众骄傲地举起，以此庆祝胜利。《每日邮报》曾评价：这是梅西五大重要进球之一。同时，这也是梅西巴萨生涯的第 500 个进球。

　　有人说："梅西是纪录粉碎机。"自 2000 年加入巴萨以来，他创造了多项令人瞠目结舌的纪录——

　　巴萨历史上的最佳射手。梅西竭尽所能地参加了各项比赛，一共为巴萨赢得了 34 次冠军，并打进了 634 球。梅西是巴萨的盘带高手，也是优秀的传球队员。

　　西甲单季最多进球纪录。梅西在 2011—2012 赛季总共攻入 50 球，打破 C 罗为皇家马德里打进 40 球的纪录。而且，梅西进球的效率惊人，他打入的 50 球共射了 199 脚，平均不到 4 脚射门就有 1 球入网。

对于这项荣誉，梅西曾说："我认为，这是我创造的最好纪录之一，我已经在西甲踢了多年球。我不知道其他前锋是不是和我一样，但是这对我有很大的帮助。因为自己能够进入西甲的历史。"

西甲单赛季助攻最多。2020 年 7 月 19 日，巴萨以 5：0 大胜阿拉维斯。比赛的第 24 分钟，梅西助攻法蒂破门，这是梅西西甲赛季的第 21 个助攻，超过了哈维在 2008—2009 赛季的纪录。

2012 年 5 月 2 日，梅西攻入 2011—2012 赛季第 70 球，打破德国前锋穆勒在 1972—1973 赛季为拜仁慕尼黑打进 68 球的欧洲顶级联赛单季进球纪录。2012 年 5 月 5 日，梅西攻入在 2011—2012 赛季第 72 球，打破奥治·斯塔克在 1924—1925 赛季为柏林恒钢铁打进 70 球的世界纪录，成为世界足坛历史上单赛季进球最多的球员。

欧冠中攻破 34 支球队的球门。2019 年 11 月 28 日，巴萨以 3：1 击败多特蒙德。梅西在上半场打进一球，成为欧冠赛场上攻破 34 支球队大门的球员。在此之前，C 罗和劳尔都在欧冠中打进 33 支球队的大门。

连续 10 个赛季进球数超过 40 个。从 2009—2010 赛季到 2018—2019 赛季，梅西已经连续十个赛季进球数突破 40 个。

西甲最多"帽子戏法"的球员。2019 年 12 月 8 日，巴萨以 5∶2 战胜马洛卡。在这场比赛中，梅西上演了第 35 个"帽子戏法"，超过了 C 罗的 34 个。2021 年 4 月，据德国权威媒体《转会市场网》统计，在欧冠赛场上演帽子戏法次数最多的 10 位球员中，梅西和 C 罗都是上演了 8 次"帽子戏法"，梅西参加了 149 场欧冠比赛，C 罗是 176 场。同样，截至 2021 年 4 月，梅西和 C 罗共完成了 110 次帽子戏法，其中 C 罗 56 次，梅西 54 次。

最多金球奖得主。克鲁伊夫、齐达内，只获得过 3 次金球奖。在金球奖近 70 年的评选之中，共有 40 位球员曾经获得过金球奖，其中有 30 人获得过一次。梅西先后在 2009、2010、2011、2012、2015、2019 年获得金球奖，创造了金球奖历史上全新的纪录。

最多欧洲金靴奖得主。欧洲金靴奖始于 1967 年，旨在表彰在欧洲顶级足球联赛中，每个赛季入球最多的球员。自从 2008 年，金靴奖基本就由梅西和 C 罗两人包揽，其中梅西获奖次数高居历史第一。梅西曾六次获得此奖项，分别是 2010 年（34 球）、2012 年（50 球）、2013 年（46 球）、2017 年（37 球）、2018 年（34 球）和 2019 年（36 球）。C 罗曾四次赢得欧洲金靴奖。

在现役的球员当中，梅西与 C 罗是足坛的"绝代双骄"。他们在个人与俱乐部方面所取得的荣誉不相上下。在为单支球队进球纪录中，球王贝利为桑托斯队打进了 643 球，梅西在巴萨的正式比赛和友谊赛的总进球数达到了 700 粒！贝利职业生涯一共打进了 757 球。有数据统计，在 C 罗总进球达到 758 球时就已经超越贝利，但 C 罗直到 2021 年 3 月 14 日打入 770 球后才承认超越了贝利。当时，C 罗表态道："我对贝利和上世纪中叶的足球有着永恒的、无条件的尊重和敬佩，所以我认为贝利的纪录是 767 球，这包括他为圣保罗州队的 9 个进球和他在巴西军队球队打进的 1 个进球。"

欢笑与泪水 *17*

电影《音乐之声》
(*The Sound of Music*) 的
西班牙语版的译名。

那天下午，梅西穿着 30 号球衣，这是他整个赛季的号码，是某种递进。

他年纪轻轻就名声在外。人人都见过或想见一见这个在比赛中面对年长的对手能打入四五个进球的球员。但凡看过他踢球的人——自然不必说那些教过他的人——都会充分利用他的名声卓著，大胆预测他的未来。他在不同级别的俱乐部中都有出色表现，当加泰罗尼亚电视台 33 频道在周六下午转播巴萨 B 队的比赛时，收视率迅速飙升。考虑到梅西的资历，我们只是不记得他的一场首秀也不足为奇，这种情况在其他球员身上也偶有发生。事实上，每当我说起他的首次亮相是在弗兰克·里杰卡尔德执教的巴萨一队与波尔图队的友谊赛上，很多人都会纠正我，他们认为梅西的首秀并非那一次，而是在诺坎普球场的一场甘伯杯季前赛，对手是尤文图斯队。但你们所谓的其实是"伪首秀"。人的记忆总是反复无常，从许多"第一天"中挑选出梅西表现出色、让我们印象深刻的那一天，这是很自然的。那是一个欢庆的时刻，给人一种半真半假的感觉。这也合乎情理，因为那是他首次出现在首发阵容里，从第 1 分钟开始，比赛如同一张白纸展现在他的面前，他可以从自己的神奇商品目录里挑出样品予以展示。或许你还记得那一天——2005 年 8 月 24 日。

需要补充的是，当时的情况将比赛变成了笑与泪的较量，但我们应该先回溯到一周前，也就是 8 月 17 日，梅西在阿根廷国家队首次亮相，可惜过程并不顺利。

那是阿根廷与匈牙利的一场友谊赛。主教练何塞·佩克尔曼想试用几个新人，但大家都知道他是想给梅西一个首秀的机会。当时梅西只有 18 岁，他将成为在一队完成首秀的最年轻的球员。比赛进行中，阿根廷以 2：1 领先，在第 63 分钟，身穿 18 号球衣的梅西上场，替换下前锋利桑德罗·洛佩斯。（如果可能的话，你可以边听恐怖电影的音乐边看那些画面。）梅西走出来站在中线附近。他马上接到球并传给德亚历山德罗，但后者丢掉了球。几分钟后，有人将球抢回，再次传给梅西。梅西带球向前。匈牙利中场球员范扎克紧随其后，抓住梅西的球衣制造犯规。梅西想摆脱他，他停下来挥动手臂。随后，匈牙利人好像脸部遭受严重肘击，倒地不起，躺在地上检查自己是否流血。来自德国的主裁判走到事发地点，不假思索地给了梅西一张红牌。所有人都感到难以置信。这肯定是个玩笑！阿根廷球员将裁判围住。他们似乎在说："你这头蠢驴！难道你看不出来你刚刚用不公的判罚将一位未来有望成为史上最佳球员的人罚出场吗？你真的想在自己的执法记录上留下这一污点吗？"与此同时，梅西什么都没有做。他目瞪口呆地看着远处的裁判，难以置信又沮丧万分，他将球衣从短裤里拉出来，露出腹部。当时效力于沃尔夫斯堡队的德亚历山德罗会说一点儿德语，他对裁判说："为什么你要抢风头？难道你不知道这是那小子的首秀吗？"但这都无济于事，梅西沮丧地缓步走向边线。他在球场上待了多久呢？四十七秒？这是一个严重有失公允的判罚。比赛结束后，其他球员回到更衣室时，梅西哭得一塌糊涂。

这件事在今天看来是一个可笑的误会，差不多就是朋友们餐后小酌时的趣谈，但在当时，它足以颠覆一名球员的世界。连对手范扎克事后也说，红牌的判罚过重。至于裁判，我不知道是该点名批评他，还是对他的身份只字不提。怎样做比较好呢？不公开姓名地处罚他，甚至不将他与梅西联系起来？还是彻底揭露他，以纠正其狂妄自大的过度反应？前一年，欧洲足球协会联盟（UEFA）将他评为世界最佳裁判。他的名字就是马库斯·默克。你也知道，他曾是职业牙医，他的执法记录表明此人可能患有某种"红牌精神病"。

2005 年 8 月 24 日，梅西出战甘伯杯对阵尤文图斯的比赛。我们应该想到，那一晚他也在与命运对抗，似乎一场比赛的出色表现就可以清除他在国家队首秀的糟糕体验。我们也知道，在那几天，俱乐部成员为了看看下赛季的新球员，都来参加甘伯杯。那个夏天的第一场比赛目的也是为了欢迎周边的球迷，熟悉刚刚签约的新人，并评估未来的潜力。

那天下午，梅西穿着 30 号球衣，这是他整个赛季的号码，是某种递进——罗纳尔迪尼奥是 10 号，德科是 20 号。在第 6 分钟，梅西第一次移向右路，用一个假动作将防守人佩索托晃倒在地，然后采用了一记危险的横穿，但拉尔森没能将其转化为进球。诺坎普球场内不由自主地发出一声："哦！"意大利电视一台的解说员说："**Messiha già fatto vedere un numero di alta scuola**（我保留了意大利语原话，因为它有一种华丽感）。"仍以季前赛的步调从容漫步的尤文图斯球员意识到，这位年轻球员的水平远高于他们，于是他们开始对他恶意犯规。到第 35 分钟，意大利人已经吃到 3 张黄牌，另有两人遭到警告。在这种侵略性策略的刺激下，梅西控制住球，与他们展开较量。他野

大意为梅西表现出极高的天赋。

心勃勃。卡纳瓦罗、德尔·皮耶罗和伊布拉西莫维奇这样的人物都在注视着他那近乎疯狂失控的大胆行为，而他的队友只能通过传球帮他摆脱纠缠。每一次跑动、每一次触球、每一次转身都能赢来观众的欢呼。梅西几乎没有射门，但在第66分钟，他送给伊涅斯塔一记长传，帮助后者破门，从而将比分扳平（此前皮耶罗点球得分）。尤文图斯的主帅法比奥·卡佩罗后来表示，比赛进行到一半时，他看到梅西那一连串传球，然后走到里杰卡尔德那里，说他想立刻租借梅西。

从下半场的某个时刻开始，诺坎普球场内出现高呼声："梅西！梅西！梅西……"以奖励他仅差一个进球的完美表现。我想很少有球员第一次登场就能激起观众如此高昂的热情。作为奖励，里杰卡尔德直到比赛的最后一分钟才将梅西换下。梅西走下球场时，球迷们为他鼓掌，庆祝一位明星的诞生。

卡佩罗的租借要求背后还有些繁文缛节——梅西还没有获得西班牙国籍，由于一队的外籍球员配额已满，因此他无法为一队效力。一个月后，他的证件批准通过，里杰卡尔德安排他出战对阵乌迪内斯队的欧冠联赛，他逐渐开始出现在球队名单上，常常取代久利的位置。比如几周后，梅西在伯纳乌球场首发出场，巴萨以3：0取得了这场联赛的胜利。皇马球迷都为罗纳尔迪尼奥的精彩表现喝彩，也为他的天才着迷，而队里的齐达内、罗伯托·卡洛斯和罗纳尔多（是绰号"现象"的那个，而不是 C 罗）这些明星只能站在那里看着比赛进行。

时代在变化。

在那几个月，巴萨两次更新梅西的合同，他们根据对梅西的期望重新调整了条款，并考虑将梅西升为一队球员。或许正因如此，另外两次在当时特别具有决定性的首秀未能引起注意。第一次是 **2014 年 10 月**在蒙特惠奇山对阵皇家西班牙人队的比赛中，梅西正式登场亮相。但第 2 次更重要——他为一队打入第一个进球，那是 2005 年 5 月 1 日，劳动节，在诺坎普球场迎战阿尔瓦塞特队。当时巴萨以 1∶0 领先，距离赢得西甲冠军还剩两场比赛。离终场哨响只剩下四分钟，梅西换下埃托奥，他显然已经迫不及待了。罗纳尔迪尼奥一如既往的慷慨，他为梅西助攻，拿到球后在吸引防守中挑起高球。梅西接球后轻轻挑射，球越过守门员飞入球网。裁判将此球判为越位，尽管这个球并没有越位。但一切都是最好的安排。一分钟后，梅西接到德科的传球，把球回敲给罗纳尔迪尼奥，后

疑作者书写有误，应该为 2004 年 10 月。

者停球后再次挑球回传给他，梅西用一记温柔的挑射，让球越过门将，破门得分。此球有效，轰动一时，人人赞不绝口，好像开了一瓶永远喝不完的香槟。你看！梅西的第一个进球进了两次。从一开始他就挑战了足球的一条黄金定律：没有两次动作能一模一样。可是在他的领域里就有这种可能性。

初到巴塞罗那时，梅西很努力融入球队的新环境，但非常想家。他讲述了自己的经历："来到巴萨踢球是我的梦想。我在这里踢了三四个月的比赛后，在第一场比赛中受伤了，我又缺席了一个半月。那段日子很艰难，但我从未想过要回家。我的兄弟们去了阿根廷，我妹妹是最小的，很难适应学校和所有的一切……他们决定让母亲和她一起回到阿根廷。"

2019 年 10 月 16 日，梅西获得第六座欧洲金靴奖。颁奖仪式很特别，由梅西的儿子蒂亚戈和马特奥一起接过金靴奖杯，颁发给自己的父亲。同时，那天也是梅西在巴萨一线队首秀的 15 周年纪念日。2004—2005 赛季，巴萨以 2：0 战胜阿尔巴塞特，梅西作为替补上场，在接到小罗的助攻后，他在禁区内吊射射门，获得了巴萨生涯的首球。梅西曾在社交软件中回忆道："时间过得真快，转眼已经过去十五年。拥抱所有人。"12 月 3 日，梅西第六次荣获金球奖，成为历史上获得该奖项最多的足球运动员。颁奖典礼现场，主办方邀请梅西一同回忆了属于他的 2019 年。梅西发表感言："我第一次获得金球奖是在十年前，我记得当时和我的兄弟们一起来领奖，那时我 22 岁。现在，十年过去了，我第六次获得了这个奖，这对我以及我的妻子和三个孩子来说都意义非凡。"梅西从一个青涩、腼腆的足球少年成长为实力强劲的一代球王。

2020 年 6 月 30 日，西甲联赛第 33 轮，巴萨以 2：2 战平马德里竞技队，比赛第 50 分钟，塞梅多造点，梅西主罚打进一个漂亮的勺子点球，创下了职业生涯的第 700 个进球，其中包括了在巴萨生涯的 630 球和在阿根廷国家队的 70 球。

2020 年 10 月 9 日，世预赛南美区小组赛，阿根廷主场以 1：0 击败厄瓜多尔。第 10 分钟，奥坎波斯被埃斯图皮尼安铲倒，裁判让阿根廷队点球。第 12 分钟，梅西左脚大力推射，罚进点球。梅西的这一进球，具有里程碑意义。凭借此球，他在职业生涯中已经制造了 1000 粒进球——打进 705 球、贡献 295 次助攻。其中，他为巴萨打进 634 球、献出 255 次助攻，为阿根廷国家队打进 71 球、贡出 40 次助攻。

18

虚构与真实

他让我们觉得既亲近又生疏，受到
战术的约束，却又表现出无拘无束
的自由。

许多球迷都是在里奥·梅西和哈利·波特的陪伴下长大的。1997 年，"哈利·波特"系列的第一部《哈利·波特与魔法石》出版。小说的主人公哈利·波特在 11 岁生日那天，得知自己是一名巫师。他来到霍格沃茨，开始魔法的旅程。1997 年，10 岁的梅西加入纽维尔老男孩青训营，并随队在 1998 年 1 月参加了少年邀请赛。2000 年，梅西在父亲的陪同下来到巴塞罗那，开启足球的奇幻之旅。那些和他们一起成长的读者经历了一个又一个赛季，读完了一本又一本书，和他们一同长大成人。

追忆往昔，人们或许会将梅西的巴萨之旅也

看作一部超级英雄的小说——主角是一个天赋出众的小伙子。梅西在青年队成长，加入拉玛西亚青训营——现实里的霍格沃茨，之后他和朋友、教练共同经历种种考验，在他们的帮助下应对日益复杂的挑战。

当然，我们的小说一直都倾向于大团圆结局。截至 2018 年 7 月，梅西作为球员参加了 33 场决赛，打赢了其中的 23 场。要描述他的成长史，有时候你需要借用一些讲故事的技巧。不必严格遵循事实，也不用使用统计数据、大事记和纪录，梅西需要的是一种能与其风格创新相匹配的新语言、新语篇和叙事创新。

曾任英格兰国家队主教练的维纳布尔斯表示："梅西完全可以扮演狄更斯小说的一个人物，比如雾都孤儿。"这番评论与梅西的成长经历有关系，他和狄更斯笔下的那个身世不幸的孤儿奥利弗一样，在很小的时候也遭受了种种磨难，差点儿导致足球梦想破灭，但最终，他像奥利弗一样战胜了命运。

当我告诉朋友我正在写这些文章时，很多人问我："你采访过他吗？你见过他吗？"我对第一个问题的回答当然是——没有。所有记者都知道，要采访梅西非常难。然后我会补充一句：我有过这个想法，但后来动摇了。梅西无意间将自己变成了一个强大的虚构人物，但我所认识的梅西，几乎人人都认识的梅西，是真实的梅西，是一个有感觉和情绪的梅西。当他受伤时，我们和他一起苦痛；当他进球或夺冠时，我们在心里拥抱他。有一个关于他的悖论：他越来越国际化，逐渐成为全球知名的杰出人物，你与他的距离却越近，他看起来也越具有人性。更重要的是，如果你住在巴塞罗那，就总有机会在拉丁音乐演唱会、阿根廷烧烤餐厅或欣赏里卡多·达林演出的剧院里遇到他。

事实上，我们对梅西和家人的真实生活知之甚少。他有时会在社交媒体上发布一些图片：与孩子们在泳池玩耍，抱着宠物狗在沙发上午休，或与妻子安东内拉和几个朋友在游艇上度假……正如作家塞尔吉·帕米斯所说，"梅西是一个巨大的谜"，我们用自己的想象补充了这个神秘的空间。因此我们的想象力就如他在球场外的生活一样广阔和未知。有时我会看梅西 7 岁时留下的模糊视频，他在罗萨里奥尘土飞扬的荒地上围着其他孩子盘带，我想他可能是彼得·威尔的电影《楚门的世界》里的男主角——摄影机记录下他的生活，我们可以欣赏他，有时也会同情他，如同和他生活在一起。我还记得 2011 年 1 月，他在苏黎世获得第二个金球奖的那一晚，他和伊涅斯塔、哈维进入最终的角逐——这两人在前一年的世界杯中带领西班牙队赢得冠军。梅西没想到自己会得奖，他确信这次轮不到自己，所以当他上台接受佩普·瓜迪奥拉的颁奖时，表情非常惊讶。这一刻令他措手不及，他特别感谢了自己的队友。尽管其他人——包括伊涅斯塔和哈维——都知道这是最合乎情理的结果，但这已然是剧本中的意外转折。

但是在球场上，创造者梅西总能掌控他周围发生的一切，他的自我表现的范围十分辽阔。有时他会发挥想象力，拿出令人意想不到的近乎科幻小说中的解决方案。其他时候，他完全走后现代的风格，在一个人人都熟知的题目上尝试变化，比如他从边路进入，与禁区平行，在几个球员周围盘带，直到找到空当——然后他的射门让对手（和我们）大吃一惊，因为他可以从左边进球，也可以从右边进球；可以是一记重锤，也可以是轻轻一捅；可以挑选球门横梁的角度，也可以将球挑高越过守门员的头顶……无论怎么样，他总能进球。有时候他在幕后操纵，启动跑位，联合中场队友，突然他完成了行针步线，比赛呈现出赏心悦目的大和谐——RAC 1 电台的足球评论员霍安·M. 波总结说，每到这种时刻，比赛就变成了"一个调情庆典，人人都被撩拨得兴奋起来"。

梅西注定要成为现代足球运动中一个不朽的人物。他让我们觉得既亲近又生疏，受到战术的约束，却又表现出无拘无束的自由。他滋养着我们想象中的另一个世界。谁知道会不会有那么一天，通过电子游戏和虚拟现实，我们可以虚构一场联赛，让球员们穿越时间，采用当下流行的战术比赛呢？这样我们就能看到令人惊叹的阵容，就像纽约宇宙队曾在现实中做过的尝试——那是 20 世纪 70 年代的事了，球队签下了佩莱、贝肯鲍尔、卡洛斯·阿尔贝托、内斯肯斯等巨星。一想到这个我就跃跃欲试，我多么希望看到一支由盛年时期的马塞洛·贝尔萨统率的阿根廷队，众多优秀球员围绕梅西打造一场精彩而合理的比赛，有阿迪尼斯和肯佩斯，雷东多和博奇尼……或者在一支球队里，梅西搭档范巴斯滕，或者与苏格拉底和克鲁伊夫联袂中场，或者与加林查和库巴拉从边线开启比赛……我在心里预演过这些方案——过去、现在与未来交织在一起——我很想亲眼一见，但现实让我醒悟过来：哈维、伊涅斯塔、皮克、布斯克茨、阿尔维斯、马斯切拉诺、阿比达尔、巴尔德斯、普约尔、罗纳尔迪尼奥、维拉、德科还有其他许许多多的球员怎么办呢？我是说，梅西和他的朋友们不是已经为我们奉献了那样的比赛吗？

文身之谜 **19**

这个文身，是他对母亲深深的思念，同时也为梅西带来了强大的精神力量。

众所周知，大多数足球运动员都没什么口才，但他们的皮肤会说话。至于他们是否真有什么妙语要讲则是另一回事。我们什么时候开始想当然地认为文身可以衬托足球运动员的形象？种种迹象表明，这种潮流源自英国。不过据我所知，有两个特例——乔治·贝斯特和保罗·加斯科因在踢球的时候都没有文身，或者说至少在人人都看得见的地方没有文身。另外，球员时期的马拉多纳和克鲁伊夫也没有。既然说到这里，顺便提一下，新西兰传奇橄榄球明星乔纳·罗姆虽然是纯正的毛利人，但他在全黑队效力时身上也没有任何毛利文身。这些球员大多在是在 20 世纪 90 年代后期开始文身，当时一些年轻球员将文身当作彰显个性的配饰。差不多在同一时期，电影明星也开始装饰自己的身体，不过这是另一回事。

说起那些在球场内外一贯我行我素的叛逆球员，我们应该都记得 20 世纪 90 年代初期的埃里克·坎通纳，当时他效力于曼联队（总是将球衣的领子竖起来）。他那时确实有文身，但没有露出来。他在胸前心脏的位置文了一个头戴羽冠的印第安人头像。这个部落形象代表着领导力、奋斗和对其部落人民的奉献。现在看来，这个印第安人头像像一幅简单的素描。曾和坎通纳共用一间更衣室的大卫·贝克汉姆也许在某一时刻受到它的启发，于是让文身成为一种表达手段以及联系球迷的节点：我在这里，看着我。

有些球员能够引领潮流，你会发现，突然之间，他们的同僚都穿上了同样的衣服，梳起了相同的发型，看着同一部电视剧。这种事就曾发生在贝克汉姆身上——几乎同一时间，全世界的数百名球员追随他，决定将自己的身体变成一幅画。他们在肌肤上文满了条带装饰图案、盾牌、十字架、拉丁语、罗马数字的日期、从《圣经》里引述的语句、中国象形文字、迪士尼卡通画……什么都有。那些率先加入这股热潮的球员甚至犯了好几个荒谬的拼写错误。有些过于热情的球员，为了取悦球迷，将队徽文在身上，以为这就意味着自己永远不会离开球队（结果赛季一结束就被交易走了）。

至于里奥·梅西，随着他的形象日益全球化，他对文身的兴趣与日俱增——数量越来越多，设计越来越精美。英国小报最会追踪这类变化，用大量篇幅向读者解释他们的偶像文在身上的图案。而梅西往往选择相信他的私人文身师罗伯特·洛佩斯对图腾意义的解读。他的第一个文身属于家人，那是他的母亲塞莉娅的肖像，从他的左肩胛骨处审慎地注视着我们。这是一张苦难母亲的圣洁脸庞。众所周知，为了圆梦，梅西在 13 岁就和父亲来到西班牙，与母亲和家人们分隔两地。这个文身，是他对母亲深深的思念，同时也为梅西带来了强大的精神力量。

梅西右臂上有一个具有象征意义的图案，可以称为"双世"。手臂外侧是高迪的圣家族大教堂的华丽装饰，灵感来自教堂诞生立面的玫瑰花窗，让人联想到这座欢迎他的城市。与之相伴的是一朵橙色的莲花——在日本的传统文化中，这种小花随处可见。还有一只显示时光流转的表。整个图案的背景是一张欧洲和南美洲轮廓图，那是他一生的牵绊。手臂内侧的一串珠子让人想起他出生的城市罗萨里奥，一朵花蕾代表了他的大儿子蒂亚戈。再向上看，肩部肌肉上文有耶稣的头像，隐蔽在球衣袖子下面，耶稣头戴荆棘冠冕，有一双敏锐的蓝眼睛，额头两侧的太阳穴流下两股鲜血，形象十分逼真。这幅肖像非常生动，仿佛是这位球员在为不属于他的艺术暴行赎罪——数以千计的文身遍布世界各地，大多数都是追随者以外行的手法画在肌肤上。身穿巴萨蓝红球衣或阿根廷蓝白球衣的梅西军团成员效仿他在脊背、手臂和腿上文了一个个图案，用来歌颂他的进球、夺冠、盘带……

再看他的左侧身体。可以说，随着时间的推移，他的左腿变成了一张羊皮纸。几年前，他将儿子蒂亚戈刚出生时的手印原封不动地复制到了左小腿上，之后，他又在四周文上一颗有翅膀的心。胫部的图案中间是一把剑，两侧分别是一颗足球和数字"10"。2016年夏天，恰逢梅西输掉了美洲杯决赛，情绪纷乱，他将头发染成金色，或许是为了保持平衡，他将膝盖以下的整条腿染成黑色，就像将袜筒提了上去，从前面只能看到足球和他的球衣号码，相比之下，背面儿子的手印则显得格外突出。这不是哀悼，只是想让自己变得更加凶狠且有威胁性。他的文身师说："他已经变成了一名毛利勇士。"

之后，梅西的文身要低调得多，那是梅西妻子安东内拉·罗库佐的红唇，文在腰部附近，代表了她的吻。两人都在社交媒体上发布了照片，如果要解读这个文身，你可以说它与梅西作为公众人物的成长历程一致——越来越开放、越来越醒目，但又带了一点儿俗，这显得很有新鲜感。

当然，我们不要忘了，所有文身的背后可能都有一个形象顾问。没有文身的球员越来越少，比如伊涅斯塔、塞尔吉·罗伯托、哈维、特尔施特根等人。令人意想不到的是，克里斯蒂亚诺·罗纳尔多也没有文身，但对他来说，这种不文身的决心可能受制于他的自我展示方式：每次进球后，他都要露出自己健美的身材，因此在肌肉上文身无异于在米开朗琪罗的大卫雕塑上涂鸦。

球王马拉多纳身上有六处文身，分别为右肩的切·格瓦拉头像，格瓦拉是古巴革命的核心人物；左肩的巨龙，寓意力量和勇气；左小腿的卡斯特罗头像，他是伟大的古巴政治家；左臂上的是大女儿达尔马、右臂上是小女儿吉安娜、右臂上外孙本哈明的名字，都表现出马拉多纳对家人的爱。

贝克汉姆身上约有几十处文身，每一处文身都有不同的寓意。其中，左胸上有耶稣和三个小天使的图，象征三个儿子把他从墓中抬起；左手臂上有十朵玫瑰花环，是结婚十周年的纪念；颈部有小女儿的名字。

2018 年 05 月 30 日，国际足球热身赛，阿根廷在布宜诺斯艾利斯糖果盒球场以 4：0 战胜海地。梅西完成帽子戏法并送出助攻，替补出场的阿圭罗也打入 1 球，取得世界杯前热身赛的开门红。图为梅西与阿圭罗

图片来源：travel&gourment

"2014 年巴西世界杯是永远的痛，我也不知道这股伤痛何时才是尽头，我们只能默默去承受，也许它永远都不会消失。"

俄罗斯之后何去何从?

自 2014 年夏天在马拉卡纳体育场的世界杯决赛中败给德国队后，四年里，梅西的粉丝们一厢情愿地发问，试图欺骗自己——俄罗斯将是他赢得最高荣誉的地方吗? 2018 年 7 月 15 日，我们能在世界杯决赛上看到"小不点"的身影吗? "救世主义"的想法让我们无药可救。我们深知梅西在阿根廷国家队的比赛常常令人忧心和沮丧。一段时间以来，他一直以相当大的优势占据球队最佳射手的位置，但即便如此，在蓝白军团的比赛回忆总是苦乐参半。自 1986 年阿根廷赢得墨西哥世界杯冠军之后，每一位阿根廷球员都想成为马拉多纳，但是，如果人人都以为你 19 岁时就已经做到了这一点（指 19 岁梅西上演马拉多纳式过人），情况又会如何？

事实上，随着时间的推移，阿根廷对这个来自巴塞罗那的有为青年所寄予的厚望已经变成了过分的失望，更糟糕的是，从迭戈·阿曼多·马拉多纳担任电视评论员开始，国内主流的体育舆论进一步渲染了这一点。比如，这里摘录作家马丁·卡帕罗斯 2011 年在哥伦比亚杂志 *SoHo* 上所发表的文章节选，此文发表的时间正值阿根廷全国陷入又一个周期性的失望阶段，读起来很像对国民的心理分析。这篇"抨击梅西"的长文风格介于讽刺和自嘲之间，卡帕罗斯在文中"责备"梅西过于和善，他说，要成为一个合格的阿根廷人，应该更加专横胡闹。就在美洲杯之前，花边小报刊载了几则报道，说梅西在布宜诺斯艾利斯的豪宅里卸下伪装，他那严于律己的形象背后藏着放荡的生活作风，卡帕罗斯却想从中找到些许正面意义。但同时，他写道：

> （梅西）为了让身体正常发育而离开祖国，他成长的唯一方法就是逃离故土，然而他的心胸如此宽广，也如此乏味，他依然在努力做一个阿根廷人。

> 他不断努力，三十亿人都说他是阿根廷人，但只有我们

自己——他本来的同胞——心生怀疑。他让我们无法喜爱或亲近——梅西这家伙只能在离家很远的赛场上完成精彩的带球转身，然后他有幸在世界杯上回到我们身边。显然，这种想法让我们感到骄傲。我们阿根廷人很容易自豪，就像我们很容易抱怨发牢骚一样。实际上大错特错——我们好像害怕随时会被识破。

我们不可能无视这些媒体的喧闹，其中还夹杂着多愁善感，即使梅西还保留着罗萨里奥口音，或者住在恍如罗萨里奥的巴塞罗那。总有人批评他在国家队比赛之前没唱国歌，对蓝白色彩没有激情，或者说不够投入。

在欧洲，尤其是在巴塞罗那，人们很难理解这种恶意，仿佛阿根廷人真的不知道梅西是个什么样的人，也不曾像我们这样看过他那么多场的比赛。仿佛他们无法从远方追踪他日常的成绩，评价他非凡的品质以及其他球员难以企及的成功。巴萨球迷多年来看着他比赛，因而对他产生了盲目信任——只要梅西在场上，我们通常都能赢。但阿根廷人似乎不具备这样的信念。原谅我的傲慢，虽然在全球化的时代，距离和时区不再是问题，但我看过的梅西出战的比赛很可能比大多数阿根廷球迷看过的都多——每个赛季我最多只会错过一两场比赛。

种种迹象表明了他们的不信任，其中包含了对出国球员的轻视，也体现了阿根廷足协在这一方面缺乏规划。他们无法聘请一位能充分利用梅西才华的主教练。他们该怎么办？围绕他打造一支球队？将所有的权力都交给他？还是仅仅把他看作一个普通球员？有人想让他和有望成为哈维、伊涅斯塔或布斯克茨的球员并肩作战，但他们不明白，这是足球哲学的问题。上一个做出此番尝试的教练是豪尔赫·桑保利，他总结出一句话："我们必须达到梅西的高度。"事后证明他的话完全正确。（在俄罗斯，他们没有达到，但我们待会儿再谈这个问题。）

每个教练都想创造理想条件，但这些理想条件可能来自外界，与环境有关，或许尚未出现，抑或永远不会出现。

比如 2016 年夏天，在美洲杯决赛中败给智利（并在点球大战中罚丢了一个点球）之后，梅西决定改换形象，我认为这不是偶然。就在决赛的那天晚上，他接受一名电视记者的采访，激动之下突然宣布退出国家队，他伤心地说："国家队不适合我。很遗憾，我渴望冠军，这是我的终极理想，但结果还是失败了。到此为止吧。"他下定了决心。尽管如此，一个半月后，他发表了一份声明，表示自己改变了想法。他宣布："我爱我的国家，也爱这件球衣。"阿根廷人这才松了一口气。与此同时，梅西将头发染成金色，几周后又在左腿添了新的文身，比一头金发还要夸张。

之后现实情况并未好转，至少在国家队的比赛中是这样，而俄罗斯世界杯预选赛之路也是苦难重重，连换三个不同的教练，直到最后一场比赛才逆转出线。事实上，最后几场比赛的结果充分说明梅西能让国内的记者和媒体精神分裂。9 月份，一场平局让他们心存最后的希望，《奥莱报》宣称："梅西和我们一样备受煎熬。"然后又说，"局面不容乐观。阿根廷努力逼平了委内瑞拉。跑动不流畅，反应不积极。梅西不再是梅西了。"球队已经濒临深渊，他们要在海拔近 3000 米的基多对战厄瓜多尔队，必须倾尽全力。2017年 10 月 11 日，阿根廷队以 3∶1 赢了比赛，梅西上演了精彩的帽子戏法。第二天，《奥莱报》头版头条的标题赫然写道："梅西是阿根廷人。"其内页则写道："与上帝平起平坐。"

当晚，得知球队出线，豪尔赫·桑保利说："足球欠梅西一座世界杯。"几周后，梅西在接受《号角报》采访时说："我希望足球能偿还我应得的东西。"他的话听起来就像最后通牒，也可能是他明白这是最后机会后所发出的呼声。通常一个足球运动员在职业生涯中能有 4 次参加世界杯的机会。连续十六年，只有四名运动员参加过 5 次世界杯，分别是德国的洛塔尔·马特乌斯、墨西哥的安东尼奥·卡尔瓦哈尔、意大利的吉安路易吉·布冯（但他第一次参加世界杯时没有获得出场机会）以及俄罗斯世界杯之后墨西哥球员拉斐尔·马克斯。至于阿根廷，当时唯一参加过四届世界杯的球员是迭戈·阿曼多·马拉多纳，而他最后一次世界杯之旅（1994 年美国世界杯）短暂而突然，他的第二次药检呈阳性，几乎宣告了足球生涯的结束。阿根廷的球员储备非常丰富，球队每四年就能完成一次从上到下的洗牌，很少有球员能连续参加两届世界杯。或许这种连续性的缺乏也要归因于舆论和社交媒体的压力，正因如此，哈维尔·马斯切拉诺和里奥·梅西，这两位即将在俄罗斯完成**第四次世界杯之征**的阿根廷人显得弥足珍贵。

写作本书时，2018 年俄罗斯世界杯尚未举行；在 2019 年出版的英文版中，亦未对此句进行修订。本书为尊重原著，保留原表述。事实是阿根廷队最终以 3∶4 惜败给法国队。

如果仔细观察就会发现，上届世界杯之前，梅西精进不休，逐步成为最受欢迎的球员。2006 年德国世界杯，他第一次参加世界杯。当时身穿 10 号球衣的是里克尔梅。阿根廷队主教练佩克尔曼将年仅 19 岁的梅西带到了赛场。梅西在首战中并未出场，在第二轮对阵塞黑队时，19 号梅西在第 75 分钟换下罗德里格斯出场。崭露头角的梅西助攻克雷斯波破门，还右脚劲射打入了世界杯首粒球。第 88 分钟，特维兹从左路内切，和克雷斯波踢墙二过一后直塞禁区，梅西甩开后卫，右脚推射，打入了本场的最后一球，阿根廷队以 6 ∶ 0 战胜塞黑队。虽然梅西上场的时间很短，只打进一个球，但他的亮相给很多球迷留下了深刻的印象。在 1/4 决赛中，梅西没有上场，他们被德国队淘汰。2010 年的南非世界杯，当时的主教练是马拉多纳，23 岁的梅西首次以核心球员的身份出战。他身穿 10 号球衣，场场出战，却总感觉受到束缚。小组赛阶段，阿根廷三战全胜：第一轮以 1 ∶ 0 战胜尼日利亚，梅西射门制造了角球，之后贝隆角球，海因策头球破门；第二轮以 4 ∶ 1 战胜韩国，梅西传给罗德里格斯，罗德里格斯起球助攻伊瓜因头球破门，另一球是梅西传球，阿奎罗拿球传中，助攻伊瓜因破门；第三轮以 2 ∶ 0 战胜希腊，第 89 分钟，梅西射门造成门将脱手，帕勒莫补射得分。此外，在 1/8 决赛中，阿根廷队以 3 ∶ 1 淘汰了墨西哥队。遗憾的是，在淘汰赛阶段，阿根廷队以 0 ∶ 4 惨败给德国队队，无缘四强。或许与当时的战术安排有关，梅西在那届世界杯中更多的是负责中场梳理，而没有突显其射门优势。他一个球也没进。赛后，他静静地看着远方，眼中满是泪水。主教练马拉多纳力挺梅西道："梅西是阿根廷前场创造机会的唯一球员。"

2014 年巴西世界杯，梅西和他的球队大受追捧，他们比以往任何时候都接近胜利。梅西率队过关斩将，在小组赛就打入四球，带领阿根廷队三战全胜进入淘汰赛。淘汰赛中，阿根廷队在梅西的率领下，在 1/8 决赛加时赛中小胜瑞士，在 1/4 决赛中淘汰比利时队，半决赛点球大战击败荷兰。他们信心十足地挺进，梅西打进四个球，但在决赛中功败垂成。输给谁了？没错，又是德国队！阿根廷队与德国队在长达九十分钟的规定时长内难分伯仲，进入加时赛。第 113 分钟，德国队的格策踢进了致胜一球，完成绝杀。最终，德国队以 1 ：0 战胜了阿根廷队而夺冠。这是德国队历史上第 4 次拿到世界杯冠军。赛后，梅西一步步走上看台，领取亚军奖牌，在经过放置大力神杯的主席台时，他停下脚步，凝视着属于德国队的冠军奖杯。这一幕令众多球迷伤感。梅西曾在 2017 年 FIFA 的采访中说："2014 年巴西世界杯是永远的痛，我也不知道这股伤痛何时才是尽头，我们只能默默去承受，也许它永远都不会消失。"

显然，阿根廷在 2018 年的俄罗斯世界杯上的拦路虎仍将是德意志战车。如果可能的话，他们希望在 1/4 决赛中避开德国队。因此，当德国队被淘汰后，阿根廷人总算松了一口气。前方的道路看起来平坦了许多。但问题是，他们不能围绕梅西拧成一股绳。与冰岛队战平，大比分输给克罗地亚队，最后一分钟逆转战胜尼日利亚队，这才使他们得以进入淘汰赛阶段，而且梅西发挥了他在控球、定位和速度方面的所有优势，打出了一个精彩的进球。这一点再次引起了预言家和我这类人的注意，我们都认为，阿根廷队如果能够赢得世界杯冠军，也仅仅"因为那是梅西应得的"。

阿根廷作家加夫列尔·帕斯奎尼在《纽约书评》的网站上发表了一篇文章，描述他的同胞们在世界杯期间兴奋的状态，并在历史书中找到了相关解释。简单地说，在1880—1930年的黄金时代，布宜诺斯艾利斯是"南部巴黎"，阿根廷是世界第十大经济强国，而在20世纪30年代，阿根廷遭遇了一场毁灭性的危机，从此一蹶不振，所以阿根廷人一直在等待一个英雄带他们重回那个辉煌时代。因此，帕斯奎尼认为，一谈到国家，阿根廷人总是在"宿命论和幻想之间"摇摆不定。曾几何时，马拉多纳扮演了这个英雄角色，现在，这个角色必须由梅西来扮演。

实际上，我们甚至可以说，梅西的踢球风格使他成为幻想的化身，那是基于情感和非理性激情的期待。但也正因为如此，他比其他人更能体现这个国家的宿命。比如，在第一场对阵冰岛的比赛中，他没有躲开罚失点球的宿命，他们没能赢得比赛，心态也不那么积极。

我觉得迭戈·马拉多纳出现在球场上也于事无补——他再次出现时，体态臃肿，大喊大叫，和失势时的"猫王"一样无精打采。德国队输给墨西哥队之后，电视摄影机并没有聚焦在抽着哈瓦那雪茄、大摇大摆的马特乌斯身上；巴西队败给比利时队的时候，我们也没有看到豪华包厢里的佩莱挥舞着双手大喊："真是一团糟！"可老迭戈又出现在我们的屏幕上，提醒阿根廷人他曾经带给他们的荣耀以及他为此付出的代价。

不用说，大批媒体又开始原地打转，剖析桑保利及其球员犯下的错误，有时甚至进行人身攻击。除了梅西个人的起伏，阿根廷队总可以说他们在十六强中被冠军法国队淘汰，而他们的另一次失利来自克罗地亚队——法国队在莫斯科决赛上的对手。这些球队似乎通过与梅西及其队友的较量而获得某种助他们在世界杯上所向披靡的超能力，但无论如何，它对比赛品质的影响微乎其微。

现在，我们应该回归最初的问题：俄罗斯之后，阿根廷队会怎么样？

在他们被法国队淘汰之后，马斯切拉诺宣布从国家队退役。而梅西对未来只字不提，动身去度假，好像还藏了一手。现在就让他琢磨 2022 年的卡塔尔还不大可能，那是如荒漠一样遥远的世界杯，但他或许在认真考虑 2019 年将在巴西举行的美洲杯。毕竟，这也是梅西尚未赢得的少数冠军头衔之一。

本书英文版出版时 2019 年巴西美洲杯尚未举行。

截至 2020 年 11 月，梅西共为阿根廷出场 142 次，取胜 85 场，他超越了马斯切拉诺，成为阿根廷国家队历史上胜场数最多的球员。梅西说："在国家队，我有一个非常好的团队，队员们非常团结，我看到很多人都希望成为国家队的一员。我不希望被那些恶语相加的人所影响，我希望在结束职业生涯时，可以为国家队赢得什么，我会为此尽可能多去尝试。

巴萨传奇球员哈维说："我认为莱奥想踢多久都可以，他的身体很强壮，带球还很快速，像野兽一样。"阿根廷队教练克雷斯波也做出回应："梅西至少还能参加两届世界杯，他是一名非常自律的球员，而且他完全可以踢一个组织中场，只要不受大伤，梅西再参加两届，问题不是很大。"

2021 年，美洲杯决赛，阿根廷 1-0 击败巴西，时隔 28 年再次拿下美洲杯冠军，第 15 次拿下美洲杯冠军，也是时隔84年再次在美洲杯决赛击败巴西。对梅西来说，这竟然是他拿下了个人第一个成年国家队（北京奥运会按照23岁以下国奥队计算）冠军。这场决赛，梅西将以34次的出场数据，追平智利的利文斯顿，成为美洲杯出场最多的两位球员之一。

2015 年和 2016 年，连续两次美洲杯，梅西
率领阿根廷队挺进决赛，却都败给了智利队。
世界杯和百年美洲杯都欠梅西一座奖杯

图片来源：NazionaleCalcio

21

让不可能变成可能

当梅西不再踢球，他会做什么？

说到纳博科夫在文学上的倒退，马丁·艾米斯说："作家有两次死亡：一次是肉体死亡，还有一次是语言死亡。"这个比喻几乎可以直接套用到足球运动员身上——足球运动员有两次死亡：一次是肉体死亡，还有一次是竞技死亡。当这一天到来，他们的头脑依然可以比赛，但腿和身体已经无法做出有效的反应。

然后，当他们的竞技能力——那是他们的话语——消亡时，优秀的足球运动员会适应新的环境，打造自己的新风格，以充分利用尚未退化的才能。他们也许会找一个速度不那么快的联赛（但薪资丰厚），或者在出洋相之前鞠躬谢幕。没有什么比一个漫长的告别更让人心潮澎湃。你不禁会感慨:"我的身体状态已然不佳,唉!我已经打出了全部进球。"

埃里克·坎通纳30岁就早早退役了,然后进军影坛。他在《队报》上发表声明:"我天生好奇,每天都要寻找新鲜事,哪怕是最简单的东西。这种永恒的好奇心让我在生活中不断前进。"很多足球运动员只对足球抱有好奇心。他们一生都生活在同一个小环境中,退役后也会想方设法留在"印第安保留地"。最常见的方式是获得教练证,然后再次走上球场,走进更衣室。最刺激的方式是成为电视上的专家(但很多人不够能说会道)。还有其他的选择。罗伯特·巴乔取得了教练证,皈依佛教,现在将部分时间花在人道主义活动上。不久前,曼联一位非常边缘化的**球员菲利普·穆利尼**因成为牧师而出现在媒体上。罗马里奥成了里约热内卢的联邦参议员。曾3次当选为年度非洲足球先生的乔治·维阿在竞选中获胜,2018年1月就任利比里亚总统。

当梅西不再踢球,他会做什么?或许现在提这个

2017年,前曼联球员菲利普·穆利尼成为牧师。在2019年出版的英文版中,未对此时间点进行修订。本书为尊重原著,保留原表述。

问题还为时尚早，我们应该先考虑他会在哪里结束职业生涯。目前，根据他签下的上一份续约合同——经过几个月的焦灼等待——他将为巴萨队效力到 2021年 6 月 30 日，彼时，他刚刚过完 34 岁生日，每个赛季的薪酬是 3940 万欧元。我拿起日历快速计算了一下，随即开始担忧未来。我们真的只剩**三年时间**来享受他的比赛吗？但后来我意识到这种担忧为时过早，现在还不是遗憾的时候，而是更适合想象在此期间会发生什么——我们会看到一个什么样的梅西，随着身体状况的变化？他和巴萨的竞技能力将如何变化？比如，我有一位朋友认为，终有一天梅西能像哈维一样占据中场位置，没有过多的跑动，却能将他独特的空间洞察力与传球的精确性结合起来。

反过来，当我将注意力放在 2021 年 6 月 30 日这个最终日期时，不禁想到此时距梅西参加 2022 年卡塔尔世界杯还有一年，或许无论是否能赢得冠军，他都要在世界杯之后才告别足球，那么他需要一个俱乐部来保持身体状态。还有一个问题笼罩着他的未来：他是否会回阿根廷，为自己童年的俱乐部纽维尔老男孩队效力？这无疑是一种情感上的回归。几年前他确实

本书英文修订版于 2019 年出版，这里的 3 年时间是以当时作者写作的时间推算的。

表达过这个想法，但目前看来可能性不大。这只是出
于情感上的原因，俄罗斯世界杯结束后，他对阿根廷
的感情可能降到了最低点。正如安赫尔·卡帕所说，
梅西总是作为替罪羊承担球队的错误，这伤害了他。
此外，在同一支球队开始和结束职业生涯的球员越来
越少，这也会让梅西变得非常特别。

那么回到我最初的问题：当梅西不再踢球，他会
做什么？他的大部分才能都无法传授或传承给他人。
老实说，我觉得他不会成为教练。就像阿根廷人常说
的，成为**加德尔**会让他得不偿失。我认为他也不会像
克鲁伊夫那样只是当一个足球专家——频繁接受提
问，还要向我们讲解最佳球员和最佳表现。

卡洛斯·加德尔
（1890—1935）是
阿根廷探戈歌王。

曾退役两次的篮球明星迈克尔·乔丹说过，他对
比赛的渴望从未消失。也许正因如此，现在有了针对
老队员的比赛，它已经成为一个商业分支。"我的朋
友"对阵"你的朋友"，这种方式让人重回童年的足球
时光——谁将拿球，谁将第一个接球——你可以与老
同事和老对手再碰面，回忆曾经的小冲突。例如，罗
纳尔迪尼奥在职业生涯的最后几年里，先后效力于克

雷塔罗队和弗卢米嫩塞队，似乎他一直在和老手比赛，表现精妙绝伦，而且他几乎总是看着相反的方向传球。

重要的一点是，梅西唯一一份终身合同签给了阿迪达斯，后者从未公开支付给他的代言费。所以我们设想，梅西退役之后依然保持现在的形象，那是我们在这些光辉岁月里为他打造的形象，我们或许能时常在广告活动、他的基金会所组织的慈善活动里看到他，他将以永远年轻的形象献身于正义事业。

至于他不再出现在足球场上，特别是诺坎普球场，也许 **W.H. 奥登**为悼念 **W.B. 叶芝**所写的一句诗可以帮助我们释怀："他成了他的爱读者。"我毫不怀疑，当他不再踢球，在那些历史性的日子里，诺坎普球场会用"梅西，梅西，梅西"的呼喊来纪念他，这也算得上对其他球员的天资的赞美，抑或是对昔日成就的颂扬。而且如果他在看台上，我们就更有理由赞颂他。

威斯坦·休·奥登（1907—1973）是著名的英裔美国诗人；威廉·巴特勒·叶芝（1865—1939）为爱尔兰诗人、剧作家和散文家。

我们还可以确定，就算缺席，梅西仍会在我们的记忆中继续比赛。当他不再出现在球场上，我们还有多少时间可以看到他？在这些年夺冠的历程中，黄金时代的巴萨队像上了发条似的运转，风格多有重复，所以我们才得以在脑海中不断重演那些动作。如果我收听广播中的比赛，解说员华金·玛丽亚·普耀说，梅西送出一记长传，皮球越过防守球员传给约尔迪·阿尔巴，我的大脑中就会浮现出大量类似的传球画面，帮我将这句话具象化。其他传球也是如此。皮克将球带出防守中心，继续进攻。伊涅斯塔和梅西在禁区边缘会和。当对手近距离射门时，特尔施特根恰好用身体将球拦住。布斯克茨抢到球，向前推进，传给拉基蒂奇……这些我们全都看过。我们身后是一代独一无二的足球运动员，他们塑造了我们对足球的想象力。可以说，他们培养了我们，但幸运的是，从未为我们设限。总有一个地方能任由梅西天马行空，让苏亚雷斯打进不可能的进球。在这一风格的影响下，当一名球员离开或退役，他的存在感仍然挥之不去，这既是幸运，又是不幸。即使现在我仍然会在中场寻找哈维，期待他带球转圈摆脱防守，或者我会期待丹尼尔·阿尔维斯出现在右路接应梅西，很久之后，马斯切拉诺和后来的乌姆蒂蒂才将普约尔那极具威胁性的形象从我的脑海中抹去。

所以你可以看到，我们会用一些伎俩来分散自己的注意力并找借口，但总有一天我们会想，如果没有那个"小不点"在场上，生活将会如何。在为自己难过之前，我们应该记住记者西蒙·库珀的话："我们生活在梅西的时代，或许度过这个时代的最好方式就是享受每一场比赛。"除此之外，我想不出还有什么更好的方法可以延长这种幸福，从而让我们不再设想梅西未来谢幕成为不朽的那一天。

　　足球是一项激烈的运动，大部分球员到了 30 岁左右都会考虑退役的问题，也有些体力好的球员一直活跃在赛场上。英格兰著名门将彼特·希尔顿，他是 48 岁退役的。他共参赛 1000 多场，将自己近 30 年的青春献给了足球。对于球星的退役，球迷们一方面引以为憾，一方面也在纷纷猜测，退役后的球星将何去何从？

　　坎通纳是法国足球巨星之一，他拥有无与伦比的领袖气质，被球迷称为"国王"，他曾为曼联在五年内四次夺得英超联赛冠军。坎通纳在 31 岁生日前夕宣布退役，之后，他涉足影视圈，在凯特·布兰切特的电影《伊丽莎白女王》中扮演法国公使，得到了观众的肯定，在电影《饭局》中出演的警长也深入人心。此外，他还出版了几部自传。坎通纳对于演戏的热情与坚持，证明了他的实力。

　　穆利尼是 1997 年加入曼联队的，随后他也在诺维奇、卡迪夫、莱顿东方和金斯林等球队效力。由于受伤，他在 31 岁时退役，而后开始了求学之旅。2016 年 10 月，穆利尼成为一名执事；2017 年 7 月，他成为一名牧师。

乔治·维阿是利比里亚足球巨星之一，曾效力意甲俱乐部 AC 米兰、曼城、切尔西等俱乐部。他曾获得"世界足球先生""欧洲足球先生"和"非洲足球先生"的荣誉。2017 年利比里亚大选中，阿维获胜，成为第一位出身于足球运动员的国家元首。

梅西曾表示希望在带领球队拿到冠军后再退役。"我想要帮助阿根廷国家队尽可能地取得荣誉，然后再考虑结束我的职业生涯。"

前巴塞罗那俱乐部主席巴托梅乌表示："毫无疑问，梅西是巴萨历史上最伟大的球员。梅西本人也认为，他想在巴萨完成他的职业生涯，这是他唯一的俱乐部。他从小就一直在这里，他是俱乐部历史的一部分。"前巴塞罗那俱乐部主教练瓜迪奥拉曾说："如果梅西退役，对于巴萨影响巨大，那将是一个巨大的损失，不会再有三冠王。当然，如果巴萨可以努力保持的话，他们还是可以和拜仁竞争的。"

罗马里奥、里瓦尔多、里克尔梅和罗纳尔迪尼奥都曾经是巴萨 10 号球衣的主人。小罗接受采访时谈到梅西，并表示梅西如果退役的话，那么巴萨的 10 号球衣将会无人敢穿。

我记得 22

记住我的名字，里奥·梅西。

我记得，梅西最早学习踢球的地方，一直叫阿根廷**马尔维纳斯**。

马尔维纳斯是纽维尔老男孩俱乐部的青训队。

我记得，兹拉坦·伊布拉西莫维奇曾在采访中说："如果有一天我得了金球奖，那么第二天早上我就要把它送给梅西。"

我记得，2006年在巴黎举行的欧冠决赛中，巴萨击败阿森纳，梅西没能领到奖牌，也没有和队友一起举起奖杯。他非常伤心，因为两个月来伤病缠身，他没能及时康复上场比赛。

我记得，2000年，梅西和他的父亲来到巴塞罗那，他们住在西班牙广场的加泰罗尼亚广场酒店546号房，现在时常有崇拜他的顾客要求入住同一个房间。

我记得，效力于马德里竞技队的后卫佩尼亚也是一个阿根廷人，在一场比赛中，梅西在中场用一个假动作将他击垮。其实梅西什么都没做，只是突然转身，这名后卫完全丧失了平衡，让梅西轻松通过了。之后梅西径直向前奔跑，过掉三个对手，最后抬脚射门击中了横梁。几年后，佩尼亚在一个电视节目里说，当他回到家，妻子问他："梅西对你做了什么？"他回答说："我不知道，你看了比赛，你来告诉我吧。"

我记得，当梅西赢得第三个金球奖时，他与同样进入决选的朋友哈维分享了奖杯。他说："这项荣誉也应该属于你，我很高兴能和你在球场上并肩作战。"

我记得，在对阵曼城的欧冠比赛中，梅西用一记精彩而细腻的穿裆过人过掉了詹姆斯·米尔纳，我还记得在诺坎普球场看台上的佩普·瓜迪奥拉揉着脸，仿佛看到了幻象。

我记得，很久以前曾听过这样一个故事——梅西5岁时在社区的球队踢球，球员们每踢进一个球，教练就会奖励给他一块夹心饼，如果是头球破门，则奖励两块。有几次梅西带球越过守门员，到达球门线的位置，如果还有时间，他就停下来将球踢高，然后用头将球顶进，这样他就可以得到两块点心。

我记得，梅西面对赫塔菲打进了那个精彩的进球，再现了1986年墨西哥世界杯上马拉多纳面对英格兰的进球。两个月后，梅西再次模仿这位阿根廷偶像。这一次，他在对阵西班牙人队的比赛中用手攻入一球，让所有人都想起了著名的"上帝之手"。

我记得，谈到梅西面对赫塔菲的那个进球时，哈维笑着说他助攻有功，尽管当时他离球门有55米远。

我记得，除了在阿根廷国家队的首秀中吃了一张红牌，梅西在整个职业生涯中从未被罚出场。

我记得，梅西因逃税被判21个月监禁，后来改判为罚款，我们立刻松了一口气。

我记得，巴萨在斯坦福桥球场对阵切尔西的欧冠半决赛中，伊涅斯塔打进了关键性的进球，那是梅西的助攻。他先接到球，想用右脚射门，但前面有三名防守球员，他找不到射门的空当，因此心生一计，将球传给伊涅斯塔。

我记得，度过了一个美妙的梅西之夜后，阿根廷体育日报《奥莱报》（*Olé*）更改了它的刊头设计，那一天它叫《里奥报》（*Leo*）。

我记得，另一个来自喀麦隆的年轻球员莱昂内尔·梅西效力于法国业余联赛 AS 波泰队。当他签下合同，当地媒体忍不住用了这样的标题：梅西签了波泰！

我记得，有个来自阿富汗的小男孩用塑料袋做了一件阿根廷国家队的球衣，还用圆珠笔在背后画上数字"10"和梅西的名字。不久，他受邀到诺坎普球场观看巴萨与阿尔阿赫利的友谊赛，梅西送给他一件真正的球衣。

我记得，为了赢得比赛，伟大的篮球运动员斯蒂芬·库里在他的球队勇士队和开拓者队的关键一役之前拿出了梅西的心态。

我记得，梅西非常喜欢睡觉。

我记得，梅西从没通过角球直接破门得分，也就是所谓的"奥林匹克进球"（Olympic goal）。他尝试了几次，但门柱或守门员总是挡在中间。但在训练中，他多次直接角球得分。

我记得，梅西17岁时和其他球员拍了耐克的广告，在广告的最后，他踢出一个任意球，说："记住我的名字，里奥·梅西！"我记得霍纳坦·多斯桑托斯也出现在这支广告中。

我记得，在2009年庆祝"三冠王"的时候，车队穿过巴塞罗那的街道，球员们喝了很多啤酒。在诺坎普球场，梅西略有醉意，他戴着一顶贝雷帽，抓着麦克风，承诺明年他们将无往不胜，赢下所有的冠军。瓜迪奥拉将头埋在两手中间。

我记得，当梅西还没有和巴萨续约时，一切都悬而未决，我想到了曼彻斯特城队，佩普·瓜迪奥拉、贝吉里斯坦和费伦·索里亚诺都在那里，我相信他早晚也会加入其中。

我记得，曾经读到过，当他们在家时，他的儿子蒂亚戈会叫他"梅西"而不是"爸爸"。

我记得，阿根廷演员里卡多·达林讲述过梅西给他当出租车司机的故事。有一天，他正要穿过巴塞罗那的阿拉贡街（Carrer d'Aragó），一辆汽车的喇叭声响起，达林走过去发现开车的是梅西，这位足球运动员表示愿意载他前往他入住的酒店。

我记得，当科比·布莱恩特为美国篮球队效力时，他穿着 10 号球衣，"向我这辈子见过的最不同凡响的运动员梅西致敬"。

我记得，2014 年 4 月，蒂托·比拉诺瓦逝世，球员们悲伤万分，泪洒葬礼。几天之后，有消息称梅西曾在他去世前前去探望，蒂托劝他留在巴萨，度过余下的职业生涯。

2010 年西甲夺冠后，球队乘巴士绕巴塞罗那庆祝

致 谢

在《足球》一书的开篇，让－保尔·图桑写道："本书不会取悦任何人，无论是对足球毫无兴趣的知识分子还是觉得本书太费脑子的球迷。但我需要写这本书，因为我不想切断将我与世界相连的这条细线。"在写作有关梅西的这些章节时，我不止一次地想到图桑的这些话。梅西？里奥·梅西？这是一本注定要被湮没的书，因为每个人都那么了解他，对那些细节和趣闻逸事知之甚多，没人想读这样一本书，毕竟比起我所做的任何解释，他的一条进球视频更加激动人心。尽管如此，我依然想延续他带给我的每一刻快乐——不知道这是否也是我与世界相连的纽带。

但是，我在写作的时候几乎没有考虑过知识分子。或许是因为那不可逾越的鸿沟一直在缩小，这得感谢那些从不同视角报道足球的记者们。近20年来，我有幸常在媒体上发表有关足球特别是巴萨的文章。我所学到的一切——站位和技术，冒险传球的信心——都要归功于几位朋友和老师。首先是《国家报》的拉蒙·贝萨，他给了我开球的机会。然后是《加泰罗尼亚日报》的戴维·托拉斯、阿尔韦特·瓜施和埃洛伊·卡拉斯科,他们从来不把我留在替补席上。《国际足联周刊》的伯里克利·莫尼乌迪斯及其整个部门的同事给了我出战国际赛的机会。还有很多不定期举行的友谊赛:每晚在巴维耶拉咖啡馆通过 RAC1 广播与哈维尔·博施的对谈,以及最近我通过加泰罗尼亚电台与贝尔纳特·索莱尔的交流。我要感谢他们所有人。

梅西大事记

1987 年　6 月 24 日，出生于阿根廷圣菲省罗萨里奥的拉斯帕雷哈斯区；在家中排行第三。

1991 年　4 岁，加入格兰多利俱乐部踢球，由父亲担任教练。

1998 年　10 月，11 岁，正式加入纽韦尔老男孩少年队；查出患有生长激素缺乏症。

2000 年　举家迁到西班牙；与巴萨签订第一份合同；加入巴萨拉玛西亚青训营，当时身高只有 125 公分。

2003 年　11 月 16 日，在葡萄牙波尔图的火龙球场，第 75 分钟替补出场，完成首秀；2003 年—2004 年赛季，为巴萨 B 队参赛，整个赛季上场 5 场，未进球。

2004 年　10 月 16 日，正式为巴萨一队出战，突破自我。

2005 年　5 月 1 日，对阵阿尔瓦塞特，打入西甲联赛第一个进球，以 17 岁 10 个月零 7 天打破了俱乐部最年轻进球者的纪录；在世青杯上大放异彩，共射入 6 球，助阿根廷国家队第五次封王，个人夺得该届赛事的"最佳射手"与"最有价值球员"奖。

2007 年　3 月 11 日，对阵皇马，大演帽子戏法三度追平对手，成为继罗马里奥后首位在国家德比中连中三元的巴萨球员；4 月 19 日，西班牙国王杯半决赛首回合对阵赫塔费，由后场盘过 5 名对手后窄角度射入空门，该进球堪比马拉多纳在 1986 年国际足联世界杯中射入的世纪最佳进球；6 月 10 日，西甲联赛主场对阵西班牙人，以与"上帝之手"极为相似的手球打进一球。

2008 年　6 月 24 日，穿上罗纳尔迪尼奥留下的 10 号球衣。

2009 年　2 月 2 日，西甲联赛对阵桑坦德竞技，为巴萨射进历史上第 5000 颗进球；5 月 28 日，欧冠决赛对阵曼联，打进职业生涯第一个头球，获得个人的第二座欧冠奖杯；2008—2009 赛季共射进 38 球，为巴萨赢得"六冠王"，实现史上首次大满贯。

2010 年　11 月 30 日，西甲第 13 轮对阵皇马，奉献两个助攻，以大比分 5:0 获胜。

2011 年 4 月 28 日，欧冠半决赛，对阵皇马，梅开二度，并上演连过四人的绝技，最终 3:1 击败皇马。

5 月 29 日，欧冠总决赛对阵曼联，以一记冷箭洞穿范德萨把守的大门，最终 3:1 获得欧冠奖杯；9 月 29 日，欧冠小组赛第二轮对阵鲍里索夫，独中两元，最终使巴萨以 5:0 大胜；11 月 2 日，对阵捷克的比尔森胜利俱乐部，突破足球生涯的第 200 球。

2012 年 3 月 8 日，欧冠 1/8 决赛对阵勒沃库森，独入 5 球，巴萨以 7:1 大胜对手；2011—2012 赛季，在西甲联赛中共打进 50 球，获得"西甲金靴"和"欧洲金靴"奖。

2013 年 与巴萨续约至 2018 年。

2014 年 3 月 24 日，对阵皇马，助巴萨以 4:3 双杀对手；他个人以 21 球打破国家德比进球纪录；11 月 23 日，西甲联赛第 12 轮对阵塞维利亚，打进他在西甲的第 251 个进球，追平前毕尔巴鄂射手萨拉创造的纪录；

11 月 26 日，欧冠对阵希腊人竞技，以右脚攻入 3 球，上演个人第一个右脚帽子戏法，巴萨最终以 4:0 获胜；2014—2015 赛季，与苏亚雷斯和内马尔组成的"MSN"组合，助巴萨成为史上首支两夺"三冠王"的球队。

2015 年　6 月 7 日，欧冠决赛对阵尤文图斯，助球队第五次登顶欧洲，使得巴萨永久保留欧洲冠军杯；2015 年 8 月，成为巴萨的副队长；9 月 17 日，欧冠对阵曼城，成为历史上最年轻的为国家出战百场的球员；9 月 26 日，西甲对阵拉斯帕尔马斯，韧带撕裂，休息了 12 个月。

2016 年　9 月 22 日，西甲第五轮对阵马德里竞技，受伤退场，休息了 4 周；10 月 20 日复出，首发欧冠小组赛对阵曼城，上演帽子戏法，最终巴萨以 4:0 大胜。

2017 年　4 月 24 日，西甲第 33 轮对阵皇马，进球后脱下球衣，向皇马球迷展示，这个庆祝动作成为经典；5 月 28 日，国王杯决赛对阵阿拉维斯，1 进球 1 助攻，助巴萨夺得国王杯冠军；赛后恩里克卸任主教练；11 月 25 日，与巴萨续约至 2020 － 2021 赛季结束。

2018 年　4 月 22 日，西班牙杯决赛，攻入 1 球，助巴萨以 5:0 大胜塞维利亚，成为该赛事的"四连霸"；2018 年 4 月 27 日，伊涅斯塔离队，梅西接过队长臂章；

2019 年　5 月 1 日，对阵利物浦，打进他在巴萨的第 600 球。

2020 年　12 月 23 日，打进在巴萨的第 644 球，成为为单一俱乐部效力进球最多的球员。

2021 年　3 月 16 日，为巴塞罗那出场 767 次，追平哈维的纪录；8 月 6 日，结束长达 21 年的巴萨生涯；8 月 10 日，与法甲巴黎圣日耳曼足球俱乐部达成协议；8 月 30 日，巴黎圣日尔曼客场对阵兰斯，第 66 分钟替补上场，完成法甲首秀；9 月 29 日，欧冠小组赛对阵曼城，打进了在巴黎圣日耳曼的第一个进球；11 月 21 日，法甲联赛对阵南特，打进了个人在该赛事上的第一个进球，助球队以 3:1 获胜；11 月 28 日，法甲联赛对阵圣埃蒂安，送出了在巴黎圣日耳曼的第一个助攻，助球队以 3:1 获胜。

（以上均为北京时间）

本书相关专有名词对照表

Dani Alves 丹尼尔·阿尔维斯

David Beckham 大卫·贝克汉姆

David Blaine 大卫·布莱恩

David Torras 戴维·托拉斯

David Villa 大卫·比利亚

David 大卫

de Bruyne 德布劳内

Decameron《十日谈》

Deco 德科

Del Piero 德尔·皮耶罗

Deportivo de la Coruña 皇家拉科
鲁尼亚俱乐部

Deulofeu 德乌洛费乌

Di Stefano 迪·斯蒂法诺

Diego Armando Maradona 迭
戈·阿曼多·马拉多纳

Diego López 迭戈·洛佩斯

Diez《第十日报》

Douglas Gordon 道格拉斯·戈登

Dr. No 诺博士

E

Ebre Escola Esportiva 埃布罗埃斯
科拉埃斯波特瓦

Edgar Allen Poe 埃德加·爱伦·坡

Eduardo Sacheri 爱德华多·萨切里

El Gráfico《体育画报》

El Periódico《加泰罗尼亚日报》

Eloy Carrasco 埃洛伊·卡拉斯科

Emelec 埃梅莱克队

Emilio Pérez de Rozas 埃米利奥·
佩雷斯·德罗扎斯

Eric Cantona 埃里克·坎通纳

Ernesto Valverde 埃内斯托·巴尔
韦德

Espanyol 西班牙人队

Eto'o 埃托奥

F

Fabio Capello 法比奥·卡佩罗

FC Porto 波尔图足球俱乐部

Ferdinand 费迪南德

Fernando Navarro 费尔南多·纳
瓦罗

Ferran Soriano 费伦·索里亚诺

Fluminense 弗卢米嫩塞队